SARINA SIMON

101 juegos divertidos para desarrollar la creatividad de los niños

Traducción de
Concha Cardeñoso

CÍRCULO de LECTORES

Para Morgan y Nina:
fuentes inagotables
de placer e inspiración

Índice

Introducción

Este libro es para padres y madres como nosotros, que deseamos sacar el mayor provecho posible del tiempo que pasamos con nuestros hijos y ayudarlos a convertirse en individuos felices y adaptados a la sociedad.

Si despertamos en ellos el amor por las situaciones de aprendizaje y les enseñamos a desarrollar las habilidades más importantes –las intelectuales, las lógicas y las de razonamiento–, contribuiremos a que se sientan estimulados a aprender de la vida. Las actividades de este libro se basan en el principio de que aprender es divertido y no tiene nada que ver con la memorización de datos, sino con la adquisición de las habilidades intelectivas que nos abren las puertas de los acontecimientos y que nos permiten saber cómo los hemos de manejar. En el mundo de hoy, y sin duda en el del futuro, los hechos cambian constantemente, pero la necesidad de dominarlos siempre es la misma.

Las 101 actividades de fácil aplicación que propongo en este libro os servirán de apoyo para transformar el mundo de vuestros hijos en un laboratorio de aprendizaje, desde el cual, con vosotros como guía, experimentarán, elaborarán hipótesis y realizarán descubrimientos vayan donde vayan. Sin embargo, este libro también va dirigido a los profesores, que tantas horas dedican a nuestros hijos. Espero que mi experiencia pueda serles de utilidad.

Organización del libro

El libro

Este libro se divide en seis partes:

- Lógica y clasificación
- Lectura y lenguaje
- Matemáticas
- Ciencias Naturales y Sociales
- Psicomotricidad y autoconocimiento
- Arte y creatividad

He escogido estas áreas porque todas contribuyen de una forma u otra al desarrollo intelectual, emocional y social del niño, es decir, a su desarrollo global. Como es lógico, existen puntos de intersección entre las seis áreas. Muchas actividades inciden en aspectos que van mucho más allá de su objetivo primario.

Las actividades

En cada actividad se incluye la siguiente información:

– Duración de la actividad. La expresión «o más» que aparece a continuación del tiempo estimado indica que la actividad puede alargarse cuanto se desee.
– Lista de material que se necesita. En casi todos los casos es material que solemos tener en casa.
– Instrucciones paso a paso para desarrollar la actividad.
– Actividad suplementaria que amplía la idea básica de la actividad en cuestión. Si tenéis tiempo para las actividades suplementarias, el repertorio de juegos aumenta en otros 101 para aprovechar el tiempo con los niños.
– En la mayoría de actividades sólo entran el niño y el adulto. En los casos en que participan más personas, ya se indica el número de jugadores.

Material que conviene tener a mano

Muchas de estas actividades requieren material sencillo que conviene tener siempre a mano. Es una forma de convertir los días aburridos, en que no hay nada que hacer, en una especie de baúl bien provisto de todo.

- Arcilla
- Bramante
- Cajas: limpias, vacías y resistentes (de cereales u otros productos)
- Cartulina de formas y colores variados
- Cinta adhesiva
- Cinta métrica
- Cola blanca de uso escolar
- Cuerda
- Delantal de pintor (sirve una camisa vieja)
- Etiquetas adhesivas (suelen encontrarse a mejor precio en las librerías dedicadas a la enseñanza)
- Pasta de sopa (de formas divertidas)
- Pinceles de varios tamaños
- Pinturas al agua, variadas
- Pinturas de cera
- Precinto
- Purpurina
- Regla
- Retales

- Rotuladores
- Tijeras de uso infantil

Y no tiréis nunca una caja grande de electrodomésticos sin pensar en que a lo mejor puede convertirse en un magnífico fuerte, un castillo almenado o un escondite idóneo.

1. Lógica y clasificación

La bruja sólo puede comer...

Esta actividad es muy fácil de realizar porque no requiere material ni preparación y pone la mente en marcha. Es entretenida y, además, enriquece el vocabulario y trabaja la inteligencia imaginativa; es fenomenal para jugar durante los viajes.

TIEMPO

Treinta minutos.

MATERIAL

Ninguno.

INSTRUCCIONES

Este juego gira en torno a las letras del abecedario, por orden, y empieza así: «La bruja está enferma y sólo puede comer *Ajos*». Después, el niño repite la frase sustituyendo «ajos» por otro alimento que empiece por la letra B. «La bruja está enferma y sólo come *Bizcochos*.» Y así sucesivamente.

AMPLIACIÓN

Si el niño tiene dificultades con alguna letra, como la C o la R, enséñale a anteponer elementos, por ejemplo: «Caramelos de chicle» o «Requetebombones». Anímale a encontrar soluciones lingüísticas de este estilo... así el juego resulta mucho más divertido.

A ver si te acuerdas

Es un buen ejercicio para mantener la memoria en forma. En este juego de observación puede participar toda la familia.

TIEMPO

De quince a treinta minutos.

MATERIAL

- Fotografías o dibujos de libros y revistas.

INSTRUCCIONES

Escoge una fotografía grande y enséñasela al niño. Dile que la mire atentamente unos minutos, porque después la vas a esconder y le vas a preguntar cosas para ver de cuántos detalles se acuerda. Déjale observar la foto unos tres minutos y, luego, quítasela de la vista y pregúntale, por ejemplo: «¿De qué color es el vestido de la niña? ¿Cuántas personas están sentadas? ¿Y de pie? ¿De qué color es el coche? ¿Qué tiempo hace?». Después, le toca al niño poner a prueba tu memoria.

AMPLIACIÓN

De vez en cuando, formula una pregunta que se refiera a la comprensión, y no a la mera retentiva. Por ejemplo, si había una persona que corría detrás de un autobús, pregunta: «¿Va a llegar tarde alguien? ¿Por qué lo sabes?».

¿Qué soy?

Con esta entretenida versión del juego de las veinte preguntas podemos mejorar las capacidades de razonamiento deductivo de los niños.

TIEMPO

De quince minutos a una hora.

MATERIAL

- Fotos de animales recortadas de revistas y periódicos o dibujadas en fichas.
- Cinta adhesiva.

INSTRUCCIONES

Coge un dibujo de un animal y, sin que el niño lo vea, pégaselo a la espalda con cinta adhesiva. Entonces, el niño intenta adivinar de qué animal se trata haciendo preguntas, a ti o a otro jugador. Las preguntas tienen que ser de respuesta *sí, no* o *a veces*. Después, te toca adivinar a ti o a otro jugador.

AMPLIACIÓN

Este juego también puede llevarse a cabo con dibujos de objetos o fotografías de amigos y familiares.

A contar animales

He aquí un buen juego para entretenerse durante los viajes. Estos juegos suelen incidir en las habilidades intelectuales, porque cuando se va en coche, sólo se puede recurrir al intelecto para entretenerse. La actividad que proponemos trabaja la discriminación visual y las aptitudes matemáticas y de clasificación.

TIEMPO

Treinta minutos o más.

MATERIAL

- Coche.
- Lápiz y papel.

INSTRUCCIONES

Juegan los que viajan en la parte de atrás del coche, y se sientan cada uno junto a una ventanilla. Uno mira el lado izquierdo de la carretera y el otro el lado derecho. Cada animal que se vea vale un punto: caballos, vacas, ovejas, perros, gatos, etc. Si se ve un rebaño entero o un grupo numeroso de animales, el jugador gana diez puntos. Otra persona va anotando la puntuación. La ronda termina cuando se llega a la puntuación total fijada al inicio del juego o al destino.

AMPLIACIÓN

Si no hay dos jugadores, el niño puede divertirse nombrando cuantos animales vea y contándolos. Para animar el juego, propónle cronometrar el tiempo que tarda en llegar a veinticinco puntos, por ejemplo. También se pueden contar otras cosas, como restaurantes, gasolineras, señales de tráfico, puentes, etc.

Tira de la manta

Es un juego idóneo para las salidas al campo o al parque y adaptable a todas las edades. Además, sirve para que el niño se fije un poco en la naturaleza y ponga en práctica la memoria y la discriminación visual.

TIEMPO

Treinta minutos.

MATERIAL

- Una manta o toalla grande.
- Elementos de la naturaleza: ramas, piedras, bellotas, hojas, flores…

INSTRUCCIONES

Recoge entre 5 y 10 elementos de la naturaleza y colócalos en la parte inferior de la manta. Tápalos doblando la parte superior de la manta sobre ellos. Llama al niño y dile que le dejas mirar lo que has tapado durante 30 segundos y que son cosas que va a encontrar por los alrededores. El niño tiene que fijarse bien para acordarse de todas las cosas. Tápalo todo otra vez y… ¡a ver cuántas te trae en 5 minutos!

AMPLIACIÓN

Este juego también se puede hacer en casa. Si resulta excesivamente fácil, añade más objetos. En caso contrario, no pongas más de 5.

Ladra, perro, ladra

Este juego es una versión auditiva de «¿Quién te picó la berza?»; pueden participar hasta niños de dos años y es todo un recurso para fiestas infantiles. Desarrolla la discriminación auditiva y la memoria... ¡y a los niños les encanta!

TIEMPO

De quince a treinta minutos.

MATERIAL

- Una venda para los ojos.

INSTRUCCIONES

Los niños se colocan en corro. Un niño, la «madre», se sitúa en el centro con los ojos vendados y da tres vueltas sobre sí mismo. Después se para, señala a uno del corro y dice: «¡Ladra, perro, ladra!». El niño al que han señalado ladra como un perro y la «madre» tiene que adivinar quién ha sido. Si no acierta, hace de «madre» el que hizo de perro. Si acierta, repite otra vez.

AMPLIACIÓN

Es buena idea introducir otros animales con sus voces respectivas; por ejemplo: «Muge, vaca, muge». Otra modalidad consiste en preguntar: «¿Quién eres?». El niño al que preguntan responde diciendo su verdadero nombre o el de otro. La «madre» tiene que adivinar si le dicen la verdad o no. Si le parece que le han dicho la verdad, responde: «Te creo». En caso contrario, puede decir: «¡Pícaro, picarón, tú eres...», y dice el nombre correcto.

Domadores y piratas

Toda la familia puede ejercitar sus facultades para la clasificación con este juego superfácil. ¡Al abordaje!

TIEMPO

Treinta minutos.

MATERIAL

- Una moneda.

INSTRUCCIONES

Tira la moneda al aire. Si sale cara, di: «¡Piratas!». Si sale cruz, di: «¡Domadores!». Si sale «Piratas», el niño tiene que nombrar seres que vivan en el agua. Si sale «Domadores», tiene que nombrar seres que vivan en la tierra.

AMPLIACIÓN

Demos variedad a este juego escogiendo cualquier pareja de categorías. Por ejemplo, salvajes y domésticos, sitios calientes y fríos o cosas nuevas y antiguas.

Acertijos en el supermercado

A veces, ir al supermercado con los más pequeños es una pesadez, pero si se planea con un poco de tiempo, la compra se convierte en una excursión de gran valor educativo. Os proponemos un juego de adivinanzas que desarrolla las capacidades intelectuales del niño al tiempo que llenáis el carro de la compra.

TIEMPO

De quince minutos a una hora.

MATERIAL

- La lista de la compra.

INSTRUCCIONES

Dile al niño que vais a jugar a las adivinanzas. Empezad por una sección concreta del supermercado, por ejemplo, la frutería. Consulta la lista e inventa una adivinanza sencilla, como: «Es roja y crujiente, ¿qué es?». Si el niño no acierta, dale más pistas, por ejemplo: «Blancanieves le dio un mordisco», o «Estoy al lado de las naranjas». Cuando lo adivine, dile cuántas quieres y que te ayude a contarlas y meterlas en el carro. Otros acertijos pueden ser:

> *Te hago llorar cuando me cortas.* (La cebolla.)
> *Negras o blancas, nos comen por racimos*
> *o nos convierten en vino.* (La uva.)
> *Oro parece, plata no es. ¿Qué es?* (El plátano.)
> *Blanca por dentro, verde por fuera.*
> *Si quieres que te lo diga, espera.* (La pera.)

AMPLIACIÓN

El supermercado es idóneo para practicar clasificaciones. Cuando vayáis de un pasillo a otro, dile al niño que se fije en la distribución y colocación de los productos. ¿Qué nombre le pondría a cada pasillo? Ayúdalo a identificar la sección de lácteos, la de congelados, la de productos que no son de comer, la de panadería y pastelería, etc. Jugad a adivinar en qué sección encontraréis tal o cual producto, comestible o no.

Fui de compras

Este juego es del estilo de «Mi barba tiene tres pelos» e incide en tres aspectos del desarrollo, porque combina la práctica de la memoria, de la coordinación motriz y de la expresión gestual.

TIEMPO

De quince a treinta minutos.

MATERIAL

Ninguno.

INSTRUCCIONES

Se empieza diciendo: «Fui de compras y compré un sombrero». Al decir la palabra «sombrero», tócate la cabeza como si llevaras uno puesto. Después, el niño dice: «Fui de compras y compré un (no pronuncia la palabra "sombrero", pero sí hace el gesto de tocárselo) y una pastilla de jabón». Ilustra la palabra «jabón» con un gesto de lavarse. Luego te toca a ti otra vez; haz el gesto de sombrero y jabón y añade otra cosa. El juego continúa hasta que uno de los dos falla. Algunos objetos fáciles de identificar con un gesto son: teléfono, perro, peine, cepillo de dientes, helado de cucurucho, barra de labios, polvos, pantalones. Este juego también suele tener mucho éxito en las fiestas.

AMPLIACIÓN

En vez de ir a la compra, se puede ir a otro sitio, por ejemplo: «Fui al zoo (o a la granja) y vi un...».

A tientas

Este juego afina el sentido del tacto y trabaja la capacidad de deducción. Es muy apropiado para un adulto y un niño, pero funciona muy bien también entre niños.

TIEMPO

De quince a cuarenta y cinco minutos.

MATERIAL

- Un surtido de pares de objetos iguales, de tamaño pequeño, de los que siempre rondan por casa, como clips sueltos, cepillos de dientes, cepillos del pelo, cucharas, etc.
- Dos bolsas de papel marrón.

INSTRUCCIONES

Coloca en cada bolsa un objeto de cada par y entrega una bolsa a cada jugador (ha de haber dos jugadores). Un jugador saca un objeto de su bolsa y se lo enseña al otro. El segundo tiene que sacar de su bolsa la pareja del objeto pero sin mirar dentro, usando sólo el tacto. Los jugadores se turnan para ir sacando las cosas hasta que no quede ninguna en las bolsas.

AMPLIACIÓN

Introduce un objeto cualquiera en una bolsa sin que el niño lo vea. El niño tiene que adivinar de qué objeto se trata palpando, pero sin mirar el interior de la bolsa. Prolonga el juego con otros objetos y luego déjale que escoja él objetos misteriosos para que tú los adivines.

Cada cosa en su sitio

La clasificación es fundamental para el desarrollo intelectual de los niños. Si el niño no es capaz de ordenar con criterios de clasificación, tampoco es capaz de organizar y procesar otra información. Ofrecemos una actividad para que desarrolle la idea de clasificación al tiempo que colocáis la compra en su sitio.

TIEMPO

Una hora o más.

MATERIAL

- Cesta de la compra cargada. Cocina.

INSTRUCCIONES

Llévate al niño a la compra y llámale la atención sobre cómo están colocados los productos según su clase. A medida que compráis, dile el nombre de productos conocidos y pregúntale si se le ocurre dónde encontrarlos. Cuando volváis a casa, pídele ayuda para descargar la compra y colocar las cosas, según su clase, encima de la mesa o del fogón. Pregúntale dónde cree que tendríais que guardar cada cosa en la cocina y ponedlas en su sitio.

AMPLIACIÓN

Haced juntos un repaso de los armarios de la cocina. ¿Las latas están agrupadas con lógica? ¿Cómo están colocadas las cazuelas y sartenes? Si te apetece reorganizar un poco la cocina (¿y quién no lo necesita?), hazlo con el niño. Si ya dibuja o escribe, podéis hacer etiquetas decoradas para las estanterías y cajones.

¡Caramba, se me ha olvidado!

Incluye este juego en el repertorio y sácalo a relucir como actividad instantánea de memoria y concentración... ¡y pasadlo en grande!

TIEMPO

Treinta minutos.

MATERIAL

Ninguno.

INSTRUCCIONES

Dedicad un momento a comentar en voz alta cómo es la habitación en la que os encontréis; luego, dile al niño que cierre los ojos y pregúntale cosas sencillas, como: «¿De qué color son las paredes? ¿Qué hay en el techo? ¿Hay cuadros en las paredes? ¿Cuántos?». Después cambiad los papeles y que haga las preguntas el niño. ¡Verás cuántas cosas te pasan inadvertidas, incluso en los lugares donde más tiempo estáis!

AMPLIACIÓN

Este juego es un buen recurso cuando se está en una sala de espera o en un restaurante. Además, puede participar toda la familia.

¿A la izquierda, a la derecha o recto?

A los pequeños les encanta ocupar el asiento del conductor (con la imaginación, claro). Pon en práctica esta actividad para estimular la coordinación visual y la memoria del niño.

TIEMPO

Quince minutos o más.

MATERIAL

Ninguno.

INSTRUCCIONES

Haz una breve excursión en coche recorriendo un camino habitual, como para ir al supermercado, a la farmacia, al ambulatorio, etc. Dile al niño que hoy va a guiarte y que te indique si tienes que torcer a la izquierda, a la derecha o seguir recto. Prepárate para torcer por donde no es o seguir recto si se le olvida decírtelo. Esta actividad es apropiada para un domingo por la mañana, cuando se dispone de tiempo y hay poco tráfico.

AMPLIACIÓN

Cuando vayáis por caminos conocidos, jugad a que el niño haga de guía. Dile: «Estoy llegando al quiosco de la esquina. ¿Hacia dónde tuerzo cuando llegue?».

El detective

Esta actividad tan sencilla desarrolla mucho la capacidad de distinguir pequeños cambios en las cosas. Además, trabaja la concentración y la memoria visual de toda la familia.

TIEMPO

Treinta minutos.

MATERIAL

Ninguno.

INSTRUCCIONES

Dile al niño que se fije en ti con detalle; procura que te mire por delante y por detrás, de la cabeza a los pies, porque después sales de la habitación y te cambias una cosa. Cuando vuelves, tiene que descubrir qué es lo que te has cambiado. La primera vez que juguéis, cámbiate algo que se vea mucho, por ejemplo, recógete el pelo o ponte otra camiseta. A medida que juguéis más veces, procura que los cambios sean más sutiles y difíciles de detectar, por ejemplo, cámbiate un calcetín o ponte la pulsera en la otra muñeca. Turnaos los papeles y, ahora, que sea el niño el que se cambie.

AMPLIACIÓN

Este juego de observación y memoria se puede llevar a cabo también con objetos inanimados. El «detective» observa todo lo que hay en la habitación y luego se ausenta sesenta segundos. Mientras tanto, el que se queda cambia algo de sitio.

Bombardeo mental

En este combate, los envites son mentales. Se trabaja la capacidad de clasificación, imprescindible para el desarrollo intelectual.

TIEMPO

Treinta minutos.

MATERIAL

- Fichas de cartulina.
- Una caja de zapatos.
- Reloj de cocina.
- Lápiz.
- Papel.

INSTRUCCIONES

Prepara entre 10 y 20 fichas, cada una con el nombre de un objeto o tema, como gasolinera, Navidades, acampada, cocina, carnaval, escuela, supermercado, etc. Baraja las fichas y colócalas en la caja para que el niño coja una pero sin mirar. Léele la palabra de la ficha y pídele que te diga todo lo que se le ocurra que tenga relación con la palabra leída. Pon el reloj de cocina para que avise a los 5 minutos y apunta los tantos en un papel. ¡Ahora te toca a ti!

AMPLIACIÓN

En vez de sólo nombrar las cosas, el niño puede recortar de revistas viejas fotos o dibujos relacionados con el tema. Es posible que incluso quiera confeccionar un cartel temático pegando los recortes en una cartulina grande.

Trabalenguas

Los trabalenguas son divertidos y muy aptos para ejercitar la concentración.

TIEMPO

De quince minutos a una hora.

MATERIAL

- Reloj con segundero.

INSTRUCCIONES

En este juego puede haber dos o más jugadores. Se establecen turnos y cada jugador dice un trabalenguas tres veces, lo más deprisa posible. Os proponemos algunos ejemplos clásicos:

Bajo un carro había un perro, vino otro perro y le mordió el rabo.
Tres tristes tigres comían trigo tragando a grandes tragos.
Pablito clavó un clavito. ¿Qué clavo clavó Pablito?
Te quiero más que me quieres. ¿Qué más quieres? ¿Quieres más?

Cronometra a los jugadores, a ver quién los dice más deprisa y con menos errores.

AMPLIACIÓN

Aún es más divertido inventarse los trabalenguas. Funcionan bien las combinaciones de los siguientes sonidos: Pl y Pr; Z y S; Ll y Y; K y G; R y RR; BL y BR, etc. Inspírate también en los del tipo «El cielo está enladrillado...» y en los que combinan dos o tres vocales manteniendo los sonidos consonantes iguales, como «Paco Peco pica pico...».

Las parejas

Ésta es una forma divertida de trabajar la memoria y la capacidad de clasificación.

TIEMPO

Quince minutos.

MATERIAL

Cosas comunes que vayan en parejas, como:

- Taza y plato.
- Tenedor y cuchillo.
- Galletas y chocolate.
- Hilo y aguja.
- Lápiz y papel.
- Calcetín y zapato.
- Clavo y martillo.
- Pan y mantequilla.

INSTRUCCIONES

Pon todas las cosas en la mesa y dile al niño que las coloque por parejas. Si le resulta difícil, reduce el número de objetos a 6 en cada turno (3 parejas). Si, por el contrario, lo hace con toda facilidad, cronométrale 3 minutos, a ver cuántas parejas forma en ese tiempo.

AMPLIACIÓN

Esta actividad puede convertirse en un entretenido juego de búsqueda del tesoro en el que participen un niño o más. Reúne las parejas de objetos y esconde un elemento de cada una. Gana quien complete mayor número de parejas en un tiempo determinado.

Tres en raya africano

Esta versión africana del conocido tres en raya es una actividad idónea para el desarrollo de habilidades lógicas y estratégicas. Se necesita poco material para llevarlo a cabo y resulta emocionante.

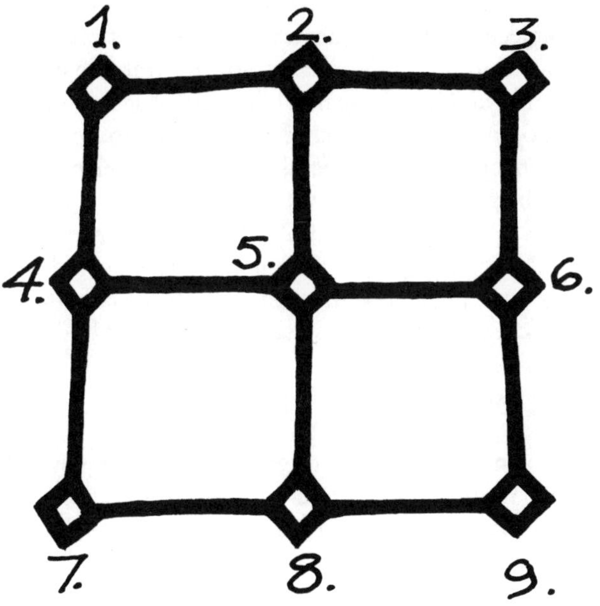

TIEMPO

De treinta minutos a una hora.

MATERIAL

- Lápiz y papel.
- Monedas u objetos pequeños para hacer de fichas.

INSTRUCCIONES

Pueden participar dos jugadores. Dibuja un diagrama como el de la ilustración, de un tamaño proporcional a las fichas que vayáis a utilizar. Las fichas se colocan en los puntos de intersección de las líneas, que están numerados. Se reparten 3 fichas a cada jugador. Las fichas tienen que ser diferentes unas de otras; por ejemplo, un jugador usa monedas de 5 pesetas y otro, de 25, o uno juega con garbanzos y otro, con alubias blancas.

Se establece el orden de juego y cada cual en su turno coloca una ficha en un punto de intersección. Se trata de colocar las 3 fichas en raya. Cuando se han colocado todas las fichas pero todavía no ha ganado nadie, se van moviendo las fichas por turno, avanzando un lugar cada vez. El juego termina cuando alguien consigue colocar sus 3 fichas en raya.

Cuando le expliques al niño el funcionamiento del juego, dale pistas para que planee sus movimientos por adelantado. Este juego, que puede resultar apasionante, desarrolla dos importantes capacidades mentales, la de prever y la de planear.

AMPLIACIÓN

Una versión más complicada de esta actividad consiste en jugar sobre un diagrama de tres cuadrados por tres, en cuyo caso habrá que colocar 4 fichas en raya y, naturalmente, harán falta 4 fichas por jugador.

A gominolar gominolas

Este juego es excelente para entretenerse en viajes largos. A pesar de su nombre, alto en calorías, ¡no contiene azúcar! Aunque las toméis de tres en tres, el juego de la gominola desarrolla el razonamiento deductivo y la capacidad de extraer conclusiones.

TIEMPO

Treinta minutos o más.

MATERIAL

Ninguno.

INSTRUCCIONES

Un jugador piensa en un objeto y dice cosas sobre ese objeto sustituyendo el nombre por la palabra «gominola». Los demás intentan adivinar de qué se trata. Con los más pequeños, hay que hacerlo fácil: «Las gominolas escarban la tierra para enterrar huesos. Saco a mi gominola de paseo todos los días. Las gominolas ladran». El jugador que piensa la palabra va diciendo frases hasta que alguien adivina de qué se trata. Puede usarse la palabra gominola para sustituir sustantivos o verbos: «Tengo una gominola en la mano. Tú me gominolas la espalda y yo te la gominolo a ti».

AMPLIACIÓN

A lo mejor algún pequeño se anima a escoger una gominola. En cuanto a los mayores, pueden enriquecer el juego con un sistema de puntuación decreciente, por ejemplo: si se adivina a la primera, 6 puntos; a la segunda, 5 puntos, y así sucesivamente.

La memoria es la que trabaja

Es muy importante tener buena memoria y, afortunadamente, siempre es mejorable mediante la práctica adecuada. El juego que os proponemos es tan divertido que nadie se da cuenta de que, además, es educativo.

TIEMPO

Treinta minutos.

MATERIAL

Ninguno.

INSTRUCCIONES

Un grupo de niños se sienta en círculo y uno es la «madre». La «madre» tiene que fijarse bien en los demás. Si es necesario, que diga el nombre y describa a cada uno. Luego, cierra los ojos y uno del corro sale de la habitación. La «madre» tiene que adivinar quién falta. Si acierta, sigue jugando, y si no, hace de «madre» el niño que salió de la habitación. Es conveniente limitar a dos el número de veces seguidas que se puede hacer de «madre».

AMPLIACIÓN

Si el juego resulta muy fácil, hazlo más emocionante de cualquiera de estas tres formas:

1. Cuando la «madre» se tapa los ojos, un niño sale del círculo y, además, los otros se cambian de sitio.
2. Al formar el círculo, unos se sientan y otros se quedan de pie. Cuando la «madre» sale de la habitación, uno de los que estaban de pie se sienta y uno de los sentados se pone de pie. La «madre» tiene que adivinar quién ha cambiado de posición y cómo.

3. Cada niño tiene un objeto en la mano y, cuando la «madre» sale, dos de ellos intercambien sus objetos. La «madre» tiene que adivinar quiénes se han intercambiado los objetos.

De casa en casa

Es fácil que a la edad de ocho o nueve años, muchos niños se hayan cambiado de casa al menos una vez. Los traslados de domicilio resultan traumáticos a veces, pero no tiene por qué ser siempre así. La siguiente actividad sirve para ayudar al niño a clarificar sus sentimientos con respecto a los cambios de lugar y, al mismo tiempo, desarrolla su capacidad de clasificación y selección.

TIEMPO

Treinta minutos o más.

MATERIAL

- Fotografías o dibujos de las casas donde haya vivido previamente y de la actual.
- Otras fotos o recuerdos relacionados con el tema.

- Rollo de papel o cartulinas pegadas con cinta adhesiva.
- Pegamento.
- Rotuladores.

INSTRUCCIONES

Selecciona las fotografías y recuerdos de los diferentes domicilios. Ayuda al niño a ordenar cronológicamente la historia de las casas donde hayáis vivido. Si es posible, incluid fotografías de amigos o acontecimientos que tuvieron lugar en cada una. Si el niño es un poco mayor, seguro que le resulta más interesante poner nombres y fechas con adhesivos de números y letras.

Mientras confeccionáis juntos el colage, hablad de lo que estáis haciendo y de lo que recordáis de cada casa. Anima al niño a que te cuente sus recuerdos: la gente, los lugares, los animales, etcétera. Es fácil que te beneficies de esta actividad tanto como él.

AMPLIACIÓN

Pregunta al niño: «¿Dónde crees que vivirás cuando tengas veinte años, cuarenta, cincuenta?». Y, después, que haga una ilustración con dibujos o recortes de la casa que le gustaría tener cuando crezca.

Las ideas, claras

La capacidad de establecer clasificaciones o agrupar por categorías forma una parte importante del aprendizaje. Durante el desarrollo de esta actividad, el niño utiliza el razonamiento inductivo y deductivo para establecer y adivinar categorías diferentes. Se requiere cierta preparación previa, pero los resultados valen la pena.

TIEMPO

Treinta minutos o más.

MATERIAL

- Enseres de la casa. Revistas que puedan recortarse.

INSTRUCCIONES

Selecciona 4 o 5 enseres domésticos que pertenezcan a la misma categoría, por ejemplo, una espátula, una espumadera, unas tijeras de cocina y un estropajo. Enséñaselos al niño y dile: «Estas cosas forman un grupo. ¿Qué crees que tienen en común?». Si le resulta difícil contestar, añade otro útil de cocina y dile: «Esto también pertenece al mismo grupo. ¿Por qué te parece que pongo estas cosas juntas?». Pon también un martillo y dile: «Esto no pertenece al mismo grupo. ¿Sabes por qué?». Sigue haciéndole preguntas y añadiendo objetos hasta que el niño identifique el grupo como «útiles de cocina». No hace falta que el niño de cuatro años lo llame así, puede identificarlo simplemente como «cosas de la cocina». Lo importante ahora es el concepto, no las palabras.

Repite esta actividad con diferentes grupos de cosas. Recurre también a los recortes para dar variedad a las clasificaciones y categorías; por ejemplo, seres que caminan, objetos que vuelan, caras alegres, personas mayores, animales con pelo, edificios altos, cosas rojas, etc.

AMPLIACIÓN

La misma actividad pero a la inversa: di el nombre de una categoría y pide al niño que busque objetos o dibujos que entren en esa categoría. Algunas ideas pueden ser: objetos que sirvan para sentarse, alimentos que se tomen con cuchara, prendas de invierno, etc.

Si el niño se desenvuelve bien en esta actividad, complícaselo un poco, dile que establezca subcategorías dentro de las categorías. Por ejemplo, los alimentos que se toman con cuchara podrían clasificarse en los que se sirven fríos y los que se sirven calientes.

Buena memoria al aire libre

Este juego es otra versión de «Mi barba tiene tres pelos» y una forma muy productiva de mejorar la memoria y la concentración. Esta versión, relacionada con la naturaleza, refuerza la memoria del niño al tiempo que le hace darse cuenta de las diferencias entre las cosas naturales y las hechas por el hombre.

TIEMPO

De quince a treinta minutos.

MATERIAL

Ninguno.

INSTRUCCIONES

Dos jugadores se sientan al aire libre o mirando por una ventana. El primero nombra un objeto que vea, pero tiene que ser algo natural, no hecho por el hombre (si el niño no sabe distinguir entre uno y otro explícale que los objetos hechos por el hombre son los que se fabrican o construyen, como los edificios, las cañerías, los cables, etc.). El segundo jugador repite el objeto que ha dicho el primero y añade otro que tenga a la vista. Por ejemplo, el primero dice: «Veo un nido». El segundo dice: «Veo un nido y una margarita». El juego continúa, añadiendo siempre una cosa nueva, hasta que uno de los jugadores falla al repetir la secuencia de objetos. El que falla, pierde. Si uno de ellos nombra un objeto y al otro le parece que no lo está viendo en realidad, puede pedir que lo demuestre o proclamarse ganador.

AMPLIACIÓN

La memoria mejora con las repeticiones y la práctica. Aprovecha todas las ocasiones que se presenten para ayudar al niño a flexibilizar los «músculos de la memoria». Si vais al supermercado, que haga de guía y te avise cuando haya que torcer a la izquierda o a la derecha. Si llamas por teléfono a un amigo, que aprenda el número de teléfono y lo utilice.

Otra variante para ejercitar la memoria: dile al niño que se fije en la ropa, las joyas y los adornos del pelo que llevas puestos. Tápale los ojos o que salga de la habitación. Quítate una prenda o adorno y pregúntale qué es lo que te has quitado. Si acierta, sal tú de la habitación y que sea él quien se quite algo y te pregunte. Si este juego te parece poco apropiado porque podríais acabar desnudos, no te preocupes, volved a poneros la prenda o adorno después de cada turno.

Rompecabezas artísticos

A los niños les gustan mucho los rompecabezas de obras pictóricas, sobre todo si los construyen ellos mismos. Tanto la confección como la reconstrucción del rompecabezas son todo un reto que combina la acción del esfuerzo mental y la habilidad motriz.

TIEMPO

Treinta minutos.

MATERIAL

- Cuadro recortado de una revista o una reproducción pequeña.
- Cola blanca.
- Cartón.
- Lápiz.
- Tijeras.
- Papel de embalar marrón (optativo).

INSTRUCCIONES

Escoge un cuadro apropiado de una revista o compra una reproducción de una pintura para confeccionar el rompecabezas. Pega la imagen a un trozo de cartón del mismo tamaño. Ten cuidado al pegarla de modo que no se formen arrugas. Si refuerzas la parte posterior del cartón con papel de embalar cortado a medida, el rompecabezas queda con un acabado más profesional y resulta más manejable. Dale la vuelta al dibujo y di al niño que trace el contorno de las piezas del rompecabezas con el lápiz (cuanto menor sea el niño, mayores deben ser las piezas). Es posible que tengas que ayudarlo a cortar.

AMPLIACIÓN

Compra tres reproducciones, o más, a tamaño postal de cuadros que haya en un museo próximo. Cuando el niño haya confeccionado y completado los rompecabezas, llévalo al museo y dile que localice en las paredes los modelos originales de sus rompecabezas.

Los rompecabezas de obras de arte también pueden utilizarse como tarjetas de felicitación. Escoged imágenes apropiadas para la ocasión y hacedlo sobre cartulina para escribir un mensaje; después cortad las piezas, desmontadlas y enviádselas a vuestros amigos y familiares para que se diviertan un rato.

2.

Lectura y lenguaje

Tonterías en orden alfabético

Este juego trabaja las palabras por su sonido inicial e incide en la expresión imaginativa. Entretiene mucho durante los viajes, en el restaurante o en la sala de espera.

TIEMPO

De quince a treinta minutos.

MATERIAL

- Lápiz.
- Papel.

INSTRUCCIONES

Escribe el abecedario en un papel. Con esa referencia delante, pide al niño que construya frases usando palabras en orden alfabético. Por ejemplo: «Ana brinca con Daniel el Feo». Las frases pueden ser tan absurdas como se quiera. Haced frases por turnos, a ver quién compone la más larga.

AMPLIACIÓN

El niño puede hacer una especie de acróstico utilizando las letras de su nombre por orden como inicial de cada palabra. Por ejemplo, Lola: «Lola os lava ahora». Otra versión consiste en construir frases cuyas palabras empiecen todas por la misma letra.

Sopa de letras gigante

Las sopas de letras son de los primeros pasatiempos que los niños aprenden a resolver. Cuando empiezan a dominar la lectura, les encanta descifrarlas, e inventárselas es aún más divertido.

TIEMPO

Treinta minutos o más.

MATERIAL

- Un diccionario ilustrado.
- Un papel para borrador.
- Un papel grande, por lo menos de 50 x 50 cm.
- Una regla de metro o un listón de madera.
- Lápiz.
- Rotulador oscuro.

INSTRUCCIONES

Ayuda al niño a escoger 15 palabras o más para confeccionar la sopa de letras. Si es necesario, usad el diccionario como fuente de inspiración. Dile al niño que haga una lista de las palabras seleccionadas en el papel borrador. Haced una cuadrícula en el pliego grande para rellenarla de letras. Sujeta tú la regla o el listón mientras el niño traza las líneas de la cuadrícula con el rotulador. Dejad espacio suficiente en la parte inferior del pliego para escribir las palabras que componen la sopa. Cuando terminéis de dibujar la cuadrícula, di al niño que escriba las palabras a lápiz, pero que las distribuya, sin amontonarlas todas a un lado. Aunque las palabras cruzadas sean más difíciles de localizar, conviene que algunas se entrecrucen. Una vez que todas las palabras estén colocadas en la cuadrícula (y sin faltas de ortografía), el niño las repasa con el rotulador oscuro. Después ha de rellenar los cuadros vacíos con las letras que quiera. Terminada esta parte, ha de escribir las palabras al pie de la página. Colgad la sopa de letras en algún lugar central de la casa, ya que al niño le hará gracia que las personas que vayan a su casa busquen las palabras que se ha inventado.

AMPLIACIÓN

Propón al niño confeccionar sopas de letras sobre temas concretos. Por ejemplo, una sopa de letras sobre animales domésticos sólo tendrá palabras relacionadas con dicho tema. Si es sobre la familia, sólo aparecerán nombres de familiares. Si la fiebre de sopas de letras prende en tu casa, compra un paquete de papel de cuadrícula grande para facilitar y simplificar el proceso de confección.

Fuerte-flojo

¿Te acuerdas del juego «Frío, frío, caliente, caliente»? Cuando buscabas el objeto escondido, los otros jugadores te decían caliente, caliente o frío, frío. «Fuerte-flojo» es una versión de ese divertido juego de la infancia. Con esta versión, el niño se divierte buscando algo que está escondido mientras tú le refuerzas el concepto de sonido fuerte y sonido flojo.

TIEMPO

Treinta minutos.

MATERIAL

- Cosas para esconder.

INSTRUCCIONES

Enseña un objeto al niño y dile que vas a esconderlo en alguna parte de la habitación. Haz salir al niño y llámalo después para que empiece a buscar. Si se acerca al objeto, da palmadas fuertes; si se aleja, da palmadas flojas. Aumenta o disminuye la intensidad según el caso. Cuando el niño haya buscado y encontrado unas cuantas cosas, cambiad los papeles. Sal tú de la habitación y que él esconda una cosa y te dé pistas con palmadas.

AMPLIACIÓN

Este juego es también muy entretenido si se juega en grupo. Plantea esta actividad como juego en la próxima fiesta de cumpleaños del niño. Los premios son recuerdos de la fiesta. Esconde los regalos para los invitados (uno por uno) y, ¡que empiecen los aplausos!

Frente a frente

El saber escuchar facilita seguir instrucciones y comprender la información oral. Hasta el niño más inteligente tiene problemas en la escuela, si su capacidad auditiva no está a la altura necesaria. Esta divertida actividad cumple el doble propósito de afinar el oído y hacer pasar un buen rato a los jugadores.

TIEMPO

De quince a treinta minutos.

MATERIAL

Ninguno.

INSTRUCCIONES

Dos jugadores se sientan frente a frente. Uno es la «madre». La «madre» dice tres partes del cuerpo al tiempo que se las señala. Al decir la cuarta, se toca otra distinta a la que nombra. Por ejemplo, dice «rodilla» y se toca el pie. El otro jugador escucha y se toca las partes que dice la «madre». Lo importante aquí es hacer lo que dice la «madre», no lo que hace. Si el segundo jugador sigue bien las instrucciones verbales de la «madre», se cambian los papeles. En caso contrario, repite el mismo jugador.

AMPLIACIÓN

Se pueden hacer muchas cosas para mejorar la discriminación auditiva de los niños. Por ejemplo, prestar atención a los sonidos de la naturaleza aprovechando una salida al aire libre. Salid y sentaos en silencio. ¿Cuántos sonidos distingue el niño? Otra actividad apropiada consiste en seguir una serie de instrucciones. Dile al niño que haga un par de cosas seguidas, por ejemplo: «Tócate los dedos de los pies y da una vuelta sobre ti mismo». Si ejecuta las dos acciones sin titubeos, alarga la secuencia a tres acciones, a cuatro y así sucesivamente. El objetivo de esta actividad es aumentar su capacidad de concentración. Procura mandarle hacer cosas divertidas porque si no, la motivación no será suficiente.

En busca del tesoro alfabético

Buscar el tesoro escondido es una actividad muy bien recibida por los niños. Os proponemos una forma de hacerla educativa. Es posible que esta búsqueda dé como resultado una colección de objetos sorprendentes... ¡Los niños son buscadores muy imaginativos!

TIEMPO

Cuarenta y cinco minutos.

MATERIAL

- Una hoja de papel rayado.
- Un lápiz.

INSTRUCCIONES

Escribe las letras del abecedario en la hoja de papel, una en cada línea. Dile al niño que busque una cosa para cada letra. Si te parece apropiado, déjale que busque también fuera de casa, en un espacio limitado, por ejemplo, el jardín de atrás o la acera de vuestra casa. Cuando reúna las 28 cosas, ayúdalo a escribir los nombres al lado de la letra correspondiente. Por ejemplo, aceituna con la A, balón con la B, caja con la C, etc. Puede ser conveniente eliminar las letras más difíciles, como la X, aunque siempre hay niños que se las ingenian para aparecer con una foto recortada de un, por ejemplo, xilófono. Si al niño le gusta medirse con el tiempo, acota la búsqueda a los minutos que acordéis. Este juego también puede hacerse en equipos de dos.

AMPLIACIÓN

El juego se hace más emocionante si aumentamos la búsqueda a más de un ejemplar por letra. Los expertos en lectura, o los pequeños con hermanos algo mayores y dispuestos a colaborar, pueden buscar además cosas cuyo nombre termine por una letra determinada. Por ejemplo, cuchar*a* con A, anill*o* con O, bal*ó*n con N, etc. Evita las letras que aparecen raramente, o nunca, a final de palabra, como B, C, F, G, H, K, M, Ñ, P, Q, T, V, X.

¿Quién soy?

Casi todos los niños saben muchas canciones antes de los cuatro años. *La reina que nunca se peina* o *El conejo no está aquí* son ejemplos clásicos que, con tu ayuda, se convierten en los personajes misteriosos de este juego de adivinanzas que estimula la imaginación de los pequeños y pone en marcha el engranaje de la creatividad.

TIEMPO

Treinta minutos.

MATERIAL

- Cancionero infantil ilustrado para posibles consultas.

INSTRUCCIONES

Cuenta a los niños que «¿Quién soy?» es un juego para adivinar personajes de sus canciones favoritas.

Empieza describiendo un personaje y toma nota de cuántas pistas necesitan para averiguar de quién se trata. Por ejemplo: «Tengo una silla», pausa. Si no lo adivinan, añade: «Soy una reina». Luego di: «Y nunca me peino». Después: «Un día me peiné», y así hasta que lo adivinen. Cambiad los papeles para que el niño haga descripciones también.

AMPLIACIÓN

«¿Quién soy?» hace que los niños recurran a su repertorio de canciones para encontrar personajes con que pillarte en un fallo, ¡pues tanto mejor! Con el tiempo, podéis ampliar el juego a los personajes de los cuentos, donde encontraréis una mina de riqueza inagotable.

¡Ya leo!

Cuando el niño empiece a desarrollar la capacidad de leer, es muy importante que lo estimules de todas las formas posibles. Esta actividad tan sencilla le proporciona la manera de expresar su orgullo por haber alcanzado la meta más sorprendente y emocionante de su vida hasta el momento, es decir… ¡leer!

TIEMPO

Quince minutos o más.

MATERIAL

- Tiras de papel de colores claros, de unos 18 cm de longitud por 8 cm de anchura.
- Grapadora.
- Rotuladores de varios colores.

INSTRUCCIONES

Felicita al niño porque está empezando a leer. Dile que escriba el título de cada libro que lea en una tira de papel y grapa las tiras unas a otras para confeccionar una cadena. Estimúlalo diciendo que haga una cadena larga como el pasillo, como el suelo de su habitación o la medida más impresionante que se te ocurra en los límites de casa.

Facilítale las cosas, id a la biblioteca del barrio una vez a la semana. Actualmente, hay en el mercado muchos libros; tal vez por eso olvidamos un poco que las bibliotecas existen y están ahí para nosotros. No caigas en la trampa. Crear el hábito de frecuentar la biblioteca es como un pasaporte al éxito en el futuro.

AMPLIACIÓN

Existen otras formas de que el niño luzca sus logros en la lectura. Por ejemplo, podéis construir un gusano cuyo cuerpo aumente un segmento cada vez que el niño termine un libro. Otra posibilidad es confeccionar una especie de termómetro donde el niño pinte cada grado de un color, desde el uno (un libro) hasta el cien (cien libros).

Cuando vayáis a la biblioteca, recurrid a los servicios de la persona que esté al cargo de la sección infantil, seguro que os orienta sobre los libros más atractivos y adecuados a la edad del niño. Echad una ojeada también a la sección de libros infantiles que no sean de ficción. Los pequeños tienen una sed de conocimientos casi insaciable, y algunos niños, en campos muy concretos de la ciencia. Muchos jovencitos de cinco o seis años devoran con apetito literatura que no es de ficción.

Saltar de piedra en piedra

Este juego es sumamente adaptable, puede cambiarse una y otra vez según las necesidades escolares de cada niño. Y lo que es mejor: ¡él ni siquiera se da cuenta de que está aprendiendo!

TIEMPO

De quince a cuarenta y cinco minutos.

MATERIAL

- Una acera o patio de cemento.
- Tiza gruesa de color o un cartón grande.
- Rotulador.

INSTRUCCIONES

Dibuja en el cemento o en el cartón una serie de losas grandes para pisar haciendo un dibujo irregular. Piensa qué área de conocimientos del niño quieres reforzar. Si, por ejemplo, quieres que repase los sonidos consonánticos, escribe una consonante en cada piedra. Dile al niño que las piedras son como un puente sobre un río y que salte de una a otra diciendo una palabra que empiece por la letra que pise. Si se equivoca o «cae al río», tiene que empezar otra vez desde el principio. Esta actividad es apta para un solo jugador, pero también puede realizarse con dos o más niños en competición.

AMPLIACIÓN

Este juego admite toda clase de versiones. Te propongo algunas:

– Escribe un número en cada losa para que el niño vaya diciendo, a medida que las pise, si son mayores o menores que el cinco.

– Escribe una palabra en cada piedra para que el niño diga otra que rime con la que está escrita.

– Escribe el nombre de un color en cada losa para que el niño lo lea y diga una fruta o cualquier alimento de ese color.

– Escribe un sencillo problema de matemáticas en cada losa y que el niño los vaya resolviendo.

Sonidos misteriosos

Casi todos los niños con buenas aptitudes intelectuales poseen también un buen sentido del oído. El desarrollo de la capacidad auditiva requiere práctica y afinación. La siguiente actividad ayuda al niño a desarrollar esta capacidad que con tanta frecuencia se deja de lado.

TIEMPO

Quince minutos.

MATERIAL

- Casete grabador y reproductor.
- Cinta virgen.
- Lápiz y papel.

INSTRUCCIONES

Dedica un día a grabar diversos sonidos de la casa y alrededores. Busca ruidos normales, como el timbre de la puerta, el ladrido de un perro, el chasquido del maíz al convertirse en palomitas, y otros en los que nos fijamos menos, como el de freír huevos, el de lavarse los dientes, el de un ventilador eléctrico, etcétera. Acuérdate de anotar cada ruido en el orden en que los grabes, porque se olvida con facilidad. Cada sonido debe durar no más de 30 segundos. Cuando le pongas la cinta al niño, observa cuántos sonidos es capaz de identificar.

AMPLIACIÓN

El niño puede grabar los sonidos que quiera para que tú o un amigo los adivinéis. También es divertido grabar voces, a ver cuántas reconocemos. No es necesario que las voces sean sólo de personas de la familia; se pueden incluir las de los famosos, por medio de discos, la radio y la televisión.

Camiseta ilustrada

Esta modalidad casera de camiseta estampada es la ocasión de que el niño practique el diseño, la escritura y los sonidos.

TIEMPO

De treinta minutos a una hora.

MATERIAL

- Una camiseta limpia, blanca o de color claro.
- Papel blanco de dibujo.
- Rotulador grueso de color negro.
- Pinturas de cera (los colores oscuros dan mejor resultado).
- Plancha.

INSTRUCCIONES

Dile al niño que vais a hacer una camiseta sabia que conoce las letras, y que escoja la letra del abecedario que más le guste a él para estamparla. Cuando se haya decidido, que la dibuje con el rotulador grueso en el papel. Después, que dé la vuelta al papel y repase la letra por el revés con las pinturas de cera, para que al estamparla en la camiseta quede en el sentido correcto. En caso de que el contorno hecho a rotulador no se vea bien, repásasela tú. Si el niño quiere, que adorne la letra (siempre por el revés) con motivos que empiecen con esa letra. Por ejemplo, si ha escogido la C, puede ilustrarla con un coche, una casa o un caracol. El conjunto de letra y dibujo debe tener el tamaño apropiado para que quede bien en el delantero de la camiseta. Procura que el niño haga la letra bastante gruesa y que apriete al aplicar las pinturas de cera, porque si no, el estampado no queda bien.

Coloca la camiseta en la tabla de planchar. Sitúa el dibujo sobre la camiseta, lo pintado en contacto con la tela. Pon la plancha a la temperatura adecuada al tejido de la prenda. Pasa la plancha por el papel. Deja enfriar la camiseta y... ¡ya está! ¡Una camiseta ilustrada!

AMPLIACIÓN

Por el mismo procedimiento, podéis hacer toda clase de camisetas. Si al niño le interesa la ecología y desea sumarse, por ejemplo, a la campaña de «Salvad a las ballenas», estampad una frase apropiada. ¿Qué tal una camiseta con un chiste, una adivinanza, un trabalenguas o una sopa de letras?

Autopista de colores

Este juego, fácil de construir, hace más breves los viajes en coche y estimula la discriminación visual. Es una variante del juego del bingo.

TIEMPO

Una hora o más.

MATERIAL

- Cartulina de colores.
- Tijeras.
- Pegamento.
- Hueveras.
- Fichas para jugar (monedas, cuadrados pequeños de papel, alubias, etcétera).

INSTRUCCIONES

En este juego pueden participar dos o más jugadores. Corta el papel de colores en círculos pequeños u otra forma cualquiera y pega uno en cada hueco de la huevera. Utiliza los colores básicos: rojo, amarillo, azul, blanco, negro, verde, naranja, marrón. Haced una combinación de colores diferente para cada huevera: una puede tener dos azules, otra dos rojos, etc. Se reparte un «cartón» a cada jugador y varias fichas. El conductor, o un jugador, observa la carretera y dice: «Veo un coche (una señal, un cartel, etc.) de color...», y el que tenga ese color en su cartón coloca una ficha encima. El primer jugador que complete el cartón gana, y el premio puede ser que «cante» los colores en la siguiente tanda.

AMPLIACIÓN

Si va a jugar un niño que empieza a leer escribe el nombre de los colores en su color, en vez de señalarlos con papeles. O haced una versión con las letras del abecedario en vez de colores. En ese caso, el que «canta» dice: «Veo un pozo de agua», y el que tenga la A en su cartón, la señala con una ficha.

Abecedario de carretera

Este juego es fácil, distrae en los viajes y ayuda a los que se inician en la lectura además de reforzar la discriminación visual.

TIEMPO

Treinta minutos o más.

MATERIAL

Ninguno.

INSTRUCCIONES

Propón al niño que busque en las vallas publicitarias y señales de la carretera las letras del abecedario en orden. Por ejemplo, primero que busque un cartel que anuncie algo que empiece por la A, como «Agua de...». Luego, otro que anuncie algo que empiece por B, como «Bar Los alegres camioneros», y así sucesivamente. Toda la familia puede divertirse con este juego, sobre todo cuando lleguen letras difíciles, como la W o la X.

AMPLIACIÓN

El juego consiste en ir diciendo cosas que se vean y que empiecen por las letras en orden alfabético. «Veo una acequia. Allí venden boniatos, castañas, dátiles y ensaimadas.» Para niños mayores proponemos otra versión: da papel y lápiz a cada uno y que escriban una lista de cosas que vean por orden alfabético, pero sin hablar. Gana el que termine primero.

Otro de letras

Este juego es para niños que empiezan a leer y que ya conocen el abecedario. Algunos llegan a dominar la lectura con este juego, otros refuerzan y mejoran la identificación de las letras. Sea como sea, esta actividad realizada contigo es muy provechosa para el lector primerizo.

TIEMPO

Treinta minutos o más.

MATERIAL

- Fichas de cartulina u hojas pequeñas de papel.
- Rotuladores.

INSTRUCCIONES

Dile al niño que vais a jugar a un juego muy divertido. Primero, que escoja dos o tres objetos de su habitación o 2 o 3 juguetes para colocarles una etiqueta y utilizarlos en el juego. Prepara dos fichas para cada objeto.

Pega una ficha a cada objeto con cinta adhesiva o con una chincheta. Observad detenidamente cada etiqueta los dos juntos y que el niño diga en voz alta las letras que ve. Id a otra habitación, dale una de las fichas y dile: «Tráeme esto» o «Ponte al lado de esto». El niño vuelve a su habitación y hace lo que has dicho. A medida que se familiarice con el juego, aumenta el número de objetos y podéis invertir los papeles. Si te parece bien, dale un premio por cada acierto que tenga.

Código secreto

Esta actividad amplía las habilidades del lenguaje y favorece el interés por los misterios.

TIEMPO

Treinta minutos o más.

MATERIAL

- Lápiz y papel.

INSTRUCCIONES

Cuéntale al niño que los códigos sirven para enviarse mensajes secretos y que hay muchas clases de códigos. Dile que cada código tiene una clave para descifrar el mensaje y que él puede dársela a la persona con la que quiera comunicarse. Después ponle unos ejemplos prácticos.

Al revés: Las palabras se escriben al revés.
ET OREIUQ OHCUM = TE QUIERO MUCHO

Letra de más: Se escoge una letra que se coloca entre palabra y palabra.
TENQUIERONMUCHON = TE QUIERO MUCHO

El abecedario se desplaza un lugar: A = B, C = D, y así sucesivamente.
UF RVJFSP NVDIP = TE QUIERO MUCHO

Números por letras: 1 = A, 2 = B, etc.
225, 19 23 9 5 20 17, 14 23 38 17

AMPLIACIÓN

Estimula al niño para que se invente su propio código con una combinación de letras, números o símbolos. Sería divertido colocar un buzón para que los miembros de la familia se mandasen mensajes codificados unos a otros.

La palabra del día

Esta sencilla actividad se basa en el método de lectura *Language Experience Appronch* (iniciación a la lectura desde la propia experiencia lingüística). La idea en que se basa este método es que los niños aprenden a leer mejor si las palabras con que aprenden tienen significado para ellos. «La palabra del día» amplía el vocabulario que el niño es capaz de leer y agiliza su manejo del abecedario.

TIEMPO

Quince minutos o más.

MATERIAL

- Fichero.
- Fichas de cartulina.
- Juego de separadores con las letras del alfabeto.
- Etiquetas.
- Adhesivos.

INSTRUCCIONES

Dile al niño que vais a empezar una colección nueva para hacer juntos todos los días. Enséñale el archivador y dile que es la caja para la colección de palabras. Cada día escogerá una palabra, la que quiera añadir, y tú se la escribes en una ficha.

Que escoja la primera de su colección. Si no se le ocurre nada, cuéntale lo que vais a hacer ese día; a lo mejor va a venir un amigo y le gustaría empezar con el nombre de éste. O si vais a ir al zoo, tal vez quiera empezar el juego con esa palabra. Escribe la palabra que prefiera y enséñale a archivarla alfabéticamente. Dile que adorne el archivador con adhesivos y etiquetas.

Repasad las palabras todos los días y añadid una cada dos días, o cada día si el niño lo asimila bien. En pocas semanas se habrá fabricado un pequeño vocabulario personal para leer. De todos modos, no te preocupes si no se acuerda de todas las palabras. Lo importante ahora es procurarle una experiencia agradable y positiva con el lenguaje. El propósito de esta actividad no es forzar al niño a leer.

AMPLIACIÓN

La colección de palabras también puede servir de estímulo para mejorar la expresión oral. Dile que saque dos o tres fichas y que diga algo con esas palabras, o que se invente una historia con ellas. Si el niño necesita practicar la escritura, a lo mejor quiere escribir él la palabra debajo de la que escribiste tú.

Felicitaciones navideñas

A veces es conveniente recordar que la Navidad no es sólo una época de vacaciones donde la comida y los regalos son los principales protagonistas. Esta actividad navideña podéis realizarla juntos dos o tres días antes de la gran reunión familiar. Es un buen estímulo para que el niño practique la escritura creativa y refuerce su afectividad. Toda la familia puede aprovechar esta ocasión para expresar su cariño hacia los demás.

TIEMPO

Treinta minutos.

MATERIAL

- Cartulina.
- Sobres.

INSTRUCCIONES

Cuéntale al niño que en Navidad se conmemora principalmente el nacimiento del niño Jesús, que vino al mundo para predicar el amor. Fueron a visitarlo muchos pastores y gentes humildes, y hasta tres reyes magos, y cada uno le llevó un regalo al alcance de sus posibilidades. Pero lo importante no eran los regalos sino la expresión de cariño que simbolizaban. Pregúntale si a él le han demostrado cariño alguna vez. Por ejemplo, cuando recibió tal regalo de cumpleaños o cuando su hermana mayor compartió las golosinas con él. Ayúdalo a recordar unas cuantas ocasiones en que alguien se portó bien con él.

Después, propónle hacer unas tarjetas con cartulina para algunas personas que se hayan preocupado por él. Ayúdalo a escoger a esas personas y hablad de lo que hicieron y de cómo podríais agradecérselo. ¿El abuelo le enseñó a montar en bici? ¿La abuela le tejió un jersey? ¿Su tía lo cuida todos los días al salir del colegio? Verás cómo el niño encuentra buenas razones para demostrar cariño y agradecimiento a las personas.

Dibujad juntos las tarjetas con motivos navideños y redactad un mensaje cariñoso y expresivo, como: «Abuelito, quiero darte las gracias por...». Deja que el niño escriba todas las tarjetas que quiera.

AMPLIACIÓN

Escribe el nombre de los familiares que vayáis a reuniros en Navidad y mételos en un sombrero. Pide a cada invitado que saque un papel. Después de la cena, pero antes del turrón, cada uno dice algo agradable de la persona cuyo nombre ha sacado. Las demostraciones de afectividad refuerzan la autoestima de pequeños y mayores por igual. Si lo prefieres, cada uno puede dar las gracias a otro por alguna cosa, pero resulta un poco más difícil si el grado de confianza entre los presentes no es el mismo en todos los casos.

Tinta invisible

A veces los niños se resisten a practicar la escritura, pero la tinta invisible suele ser un recurso infalible. Descúbrele el truco de la tinta invisible y verás cómo empieza a enviar mensajes secretos a sus amigos o cartas a sus familiares sin parar.

TIEMPO

De quince a treinta minutos.

MATERIAL

- Limón.
- Cuenco.
- Bolígrafo.
- Papel.
- Plancha.

INSTRUCCIONES

Dile al niño que exprima un limón en el cuenco y que escriba un mensaje en el papel mojando el bolígrafo en el zumo. Las letras vuelven a verse calentando el papel con la plancha. Es recomendable que la plancha la use sólo un adulto. No es cuestión de magia, sino que el ácido del limón hace la tinta invisible.

AMPLIACIÓN

En relación con las tintas especiales, también puedes enseñarle a fabricarse tinta con bayas silvestres. Sólo hay que machacar moras, arándanos o fresas en un cuenco, añadir agua y tamizar la mezcla pasándola por un colador. ¡Ese jugo de bayas se usaba como tinta desde los primeros tiempos de la escritura!

Cuéntale al niño el origen de la tinta. La inventaron los antiguos egipcios y los chinos. No se sabe con exactitud cuándo se inventó, pero existen documentos escritos con tinta que se remontan al año 2000 antes de Jesucristo.

3.
Matemáticas

A ojo de buen cubero

¿Te imaginas lo difícil que es adivinar los garbanzos que hay en un bote? Pues se trata de un cálculo matemático muy serio. Es necesario practicar para dominar las estimaciones, que, además, son tan necesarias a la hora de resolver problemas. ¡Que os divirtáis!

TIEMPO

De quince a treinta minutos.

MATERIAL

- Trigo inflado o cualquier otro cereal de desayuno.
- Cuenco de cereales.

INSTRUCCIONES

Llena el cuenco de cereales. ¿Cuántas unidades hay? Cada uno escribe en el papel los que calcula que hay. Después contadlos uno a uno y el que más se aproxime gana y puede comérselos. Pueden participar dos o más jugadores. Para que el niño no diga auténticos disparates a la hora de calcular el cereal de un cuenco, dale un puñado que se cuente fácilmente. Después, dile que tenga en cuenta la medida del puñado y calcule entonces cuántos puede haber en el cuenco. Si no domina los números aún, ayúdalo tú a sumar. No olvides que esta actividad es para calcular cantidades a ojo, no con precisión total.

AMPLIACIÓN

Se puede realizar la misma actividad con diferentes cosas. Por ejemplo: ¿Cuántos granos de arroz hay en una taza pequeña? ¿Cuántos metros en un ovillo de lana? ¿Cuántas cucharadas de agua en un vaso lleno?

Suma y gana

Es una versión doméstica del juego de los bolos, pero en éste es fácil ganar, se refuerza el concepto de la suma y, en caso de niños precoces para las matemáticas, el de la multiplicación.

TIEMPO

Treinta minutos.

MATERIAL

- De 5 a 10 tubos de cartón del papel higiénico, del de cocina, etcétera, o latas vacías.
- Rotulador.
- Papel y cinta adhesiva.
- Tablón de madera colocado entre dos sillas.
- Pelotas de tenis o de goma, del mismo tamaño.

INSTRUCCIONES

Escribe un número del 1 al 10 en la base de los «bolos», los números no deben repetirse. Si lo haces con latas, escribe el número en un papel y pégalo a la base de la lata. En el caso de tubos de papel higiénico u otros cualesquiera, escribe el número en el interior de los tubos. Alinea los «bolos» en el tablón, a unos 8 cm unos de otros. Di al niño que tire un bolo lanzando la pelota. Cuando tire dos, que sume los números y, cuando alcance la puntuación que hayáis fijado, el juego termina. También podéis hacer competiciones entre el niño y tú, o con un grupo de niños.

AMPLIACIÓN

Este juego admite muchas versiones. Los números se pueden multiplicar, restar o incluso dividir y los «bolos» pueden colocarse en el suelo a imitación de los de verdad.

Largo o corto

Esta actividad es muy apropiada para comenzar con el concepto de medidas. En vez de utilizar reglas, confeccionad cadenas de clips para medir enseres de la casa y personas.

TIEMPO

Treinta minutos o más.

MATERIAL

- Una caja de clips (los grandes son más fáciles de manejar).
- Lápiz y papel.
- Enseres domésticos.

INSTRUCCIONES

Enseña al niño a unir los clips unos a otros para formar una cadena. Primero, que haga una del mismo tamaño que él. ¿Cuántos clips harán falta para hacer una cadena tan alta como él? Dile que anote en un papel los que calcule que va a necesitar. Cuando termine la cadena, que compare el número de clips utilizados con los que había calculado. ¿Cuántos harían falta para hacer otra cadena tan alta como tú? Que anote su estimación y siga agregando clips a la cadena.

Después, dile que busque objetos de la casa que midan 5 clips de alto o de ancho, que midan 10, etc. ¿Cuántos objetos hay que midan casi lo mismo que él? ¿Y cuántos que midan casi lo mismo que tú?

AMPLIACIÓN

Medid la habitación del niño y la tuya y comparadlas. ¿Cuál es más grande? Pregúntale qué habitación de la casa es la más pequeña y cuál la de mayor tamaño. Déjale que haga una estimación antes de ir a medirlas con su cadena de clips. Seguramente necesitará que lo ayudes a «señalar» y tomar nota del número de clips mientras mide las habitaciones.

Enséñale una cinta métrica y comparadla con la cadena de clips. Resalta el hecho de que es una especie de «regla» flexible que se adapta al contorno de las cosas, como las caderas o las líneas curvas, para medirlas mejor.

Pequeño, mediano, grande

Los niños necesitan reunir mucha experiencia y observar mucho las relaciones de tamaño mediante la comparación. Aunque esta actividad resulte muy sencilla para los adultos, para los niños es todo un reto.

TIEMPO

De quince a treinta minutos.

MATERIAL

- Recipientes de plástico con tapadera, de varios tamaños, o frascos de cristal con tapadera.

INSTRUCCIONES

Coloca los recipientes en la mesa y dile a tu hijo que le ponga a cada uno su tapadera. Si le resulta muy difícil, ayúdalo a desarrollar un sistema de eliminación de posibilidades de una en una. Si disponéis de frascos de cristal, colócalos sobre un trapo o cualquier superficie acolchada, y no pierdas de vista al niño para evitar accidentes.

AMPLIACIÓN

Prepara unas cuantas tuercas y tornillos de diversos tamaños. Enseña al niño cómo se enroscan y desenroscan y dile que enrosque cada tuerca en su tornillo.

Para reforzar esta actividad, jugad también con tazas para medir, de las que encajan unas en otras. El niño se lo pasa bien ordenándolas por tamaños.

La próxima vez que vayáis a la compra, enséñale que los productos se encuentran en paquetes de tamaños diferentes. Por ejemplo, los detergentes de la lavadora se presentan en distintas cantidades. ¿De qué marca es el paquete más grande? ¿Y el más pequeño?

¿Pares o nones?

Para desarrollar esta actividad, que se propone enseñar la diferencia entre número par e impar, utiliza uvas pasas. Pero si al niño no lo entusiasman, piensa en cualquier otra cosa que se adapte mejor a sus gustos, como cacahuetes, cerezas u otro alimento de tamaño pequeño.

TIEMPO

Treinta minutos.

MATERIAL

- Una caja de uvas pasas.
- Lápiz y papel.

INSTRUCCIONES

Escribe los números del 1 al 10 en un papel y enséñaselos al niño. Dile que a unos los llaman pares y a otros impares. Este juego consiste en adivinar cuáles son los pares y cuáles los impares. Dale la clave de que los números pares se pueden repartir en dos montones exactamente iguales, pero los impares, no.

Demuéstrale este principio de forma práctica: coloca 6 uvas pasas en la mesa y dile: «Si tú y yo nos repartiéramos estas uvas, ¿qué haríamos para saber que tú te comías tantas como yo?». Inspírale la solución diciéndole: «Una para ti, una para mí», y así sucesivamente. Cuando hayáis dividido las uvas, pregúntale: «¿Hemos conseguido hacer dos montoncitos iguales, con el mismo número de uvas cada uno?». Subraya el hecho de que has demostrado que el 6 es un número par. Repite el concepto de que los números pares se pueden dividir en dos partes iguales y déjalo que se coma las 6 uvas.

Repetid el mismo proceso con cada número de la lista. Cada vez que el niño reparta el nuevo montón de uvas en dos grupos, pregúntale si el número era par o impar y dile que escriba una P junto al número si era par o una I si era impar. Repite la definición de par e impar constantemente a medida que avanzáis en la lista de números. Cuando la completéis, seguro que el niño se ha hecho una idea bastante clara de este importante concepto matemático.

AMPLIACIÓN

Este juego tradicional para dos jugadores proporciona más práctica en la identificación de números pares e impares. Un jugador es el equipo par y el otro el equipo impar. Se colocan uno frente a otro y dicen: «Uno, dos, tres: fuego». Al decir la palabra «fuego», cada uno enseña uno, dos o tres dedos de la mano. Si la suma total de dedos es par, el equipo par gana un punto; si es impar, se lo lleva el equipo impar. Gana el que primero alcance 10 puntos.

Pitos

Esta sencilla actividad proporciona mucha práctica con los números y desarrolla el sentido de la correspondencia uno a uno. El juego termina con un pequeño festín de palomitas de maíz, de modo que procura iniciarlo a la hora de la merienda.

TIEMPO

De treinta a cuarenta y cinco minutos.

MATERIAL

- Lápiz. Dos dados normales.
- Dos cubos de madera (del juego de construcción del niño, por ejemplo).

- Rotuladores.
- Palomitas de maíz o cualquier otra cosa alimenticia para picar.

INSTRUCCIONES

Participan dos jugadores. Enseña al niño los dados normales y que se fije bien en cada cara. Dile que vais a construir un juego de dados más grandes con puntos grandes que sean fáciles de contar. Dile que dibuje a lápiz los puntos necesarios en cada cara de los cubos; procura que vaya contándolos a medida que los dibuja. Cuando termine, que los pinte con rotuladores. Dejad que se seque bien la tinta antes de empezar a jugar con ellos.

Los jugadores tiran un dado por turno y cuentan el número de puntos que les salga. Dos puntos ganan dos palomitas, tres ganan tres palomitas, etc., excepto el uno (el pito), que hace perder una palomita.

Jugad durante el tiempo que hayáis determinado previamente y al final, contad cuántas palomitas tiene cada uno para saber quién es el ganador. Como colofón de este sencillo juego de matemáticas, tanto los perdedores como los ganadores se comen las palomitas.

AMPLIACIÓN

Si el niño es capaz de manejarse con dos dados a la vez, usad los dos. En esta modalidad, los pitos descuentan dos piezas en vez de una. Cuando el niño haya aprendido a contar sin dificultades los puntos de cada dado señalándolos uno por uno, intenta que empiece a sumarlos (por ejemplo, uno más tres, cuatro).

Cuéntale que el nombre de «pitos» para los unos viene del juego de dómino. A lo mejor el abuelo sabe contárselo con gracia y enseñarle, además, algunas expresiones que sustituyen a los números en algunos juegos de azar, como «la niña bonita», por el 15.

De tiendas

Esta actividad combina el imaginativo juego de personajes con la iniciación a las matemáticas. El niño se divertirá jugando a «las tiendas» al tiempo que empieza a entender el valor de las monedas.

TIEMPO

Una hora o más.

MATERIAL

- Pesetas, duros y cinco duros.
- Alimentos enlatados.
- Alimentos en cajas.
- Etiquetas adhesivas.
- Rotuladores.
- Cartulina.
- Cinta adhesiva.

INSTRUCCIONES

Enseña al niño una moneda de peseta, otra de duro y otra de cinco duros. Dile que el duro es lo mismo que 5 pesetas y los cinco duros son 25 pesetas. Pregúntale cuál será la que más vale y ayúdalo a darse cuenta de que la peseta es la de menor valor, después viene el duro y luego los cinco duros.

Dile que vais a montar una tienda para que juegue a ir de compras con sus amigos o con sus muñecos. Déjalo utilizar cosas de la despensa y que él mismo decida qué productos valen una peseta, un duro o cinco duros y enséñale a escribir en las etiquetas 1 ptas., 5 ptas. y 25 ptas. Que prepare las etiquetas, marque los productos con ellas y los disponga en la mesa agrupados por precios iguales o por tipo de producto (también podéis utilizar cosas que no sean de comer, como servilletas de papel). Si queréis, haced también un cartel con el nombre de la tienda, por ejemplo: «Supermercado Carla», y pegadlo a la mesa con cinta adhesiva.

Cambiaos los papeles de vendedor y comprador y usad las monedas para jugar a comprar. Cuando el niño haga de vendedor, pregúntale el precio de cada cosa y si tienes que pagar con una peseta, un duro o cinco duros. Cuando lo seas tú, que piense con qué moneda tiene que pagarte.

AMPLIACIÓN

Cuando el niño sea capaz de comprenderlo, enséñale las equivalencias de las monedas. Muéstrale las monedas y dile que 5 pesetas valen lo mismo que un duro y que 25 pesetas valen lo mismo que cinco duros. Subráyale sobre todo que tener más monedas no siempre significa tener más dinero.

Construcción de formas geométricas

Resulta fácil identificar las formas geométricas si el aprendizaje se realiza de manera práctica, a través de la experiencia directa, confeccionándolas y manipulándolas. Esta sencilla actividad refuerza el reconocimiento de polígonos y proporciona horas de diversión creativa.

TIEMPO

De treinta a cuarenta y cinco minutos.

MATERIAL

- Uno o dos paquetes de garbanzos.
- Una o dos cajas de palillos de dientes.

INSTRUCCIONES

Pon los garbanzos en remojo una noche. Por la mañana estarán suficientemente blandos como para pincharlos con un palillo. Enseña al niño a construir polígonos sencillos con los garbanzos y los palillos. Los garbanzos son los vértices donde se juntan los lados, que son los palillos.

Estimula al niño para ver si es capaz de hacer cuadrados con cuatro palillos, con ocho, etc. Y también triángulos con tres palillos, seis y así sucesivamente. Cuando hayáis trabajado las formas básicas, háblale de otras más complicadas. Por ejemplo, construye tú un pentágono y pídele que haga otro igual.

AMPLIACIÓN

Con estos mismos elementos, construid toda clase de polígonos, poliedros y cuerpos geométricos que se os ocurran. Los palillos de colores añaden un elemento enriquecedor más.

El mago de la suma

Para esta entretenida actividad los niños confeccionan un sombrero mágico, con el que llevan a cabo un juego de sumas muy fácil. «El mago de la suma» es una forma de aprender la operación de la adición hasta la cifra de dieciocho sin traumas de ninguna clase.

TIEMPO

De treinta minutos a una hora.

MATERIAL

- Dos vasos de papel.
- Cartulina negra.
- Tijeras.
- Cinta adhesiva.
- Cartón o similar.
- Rotuladores.
- Cuatro alubias o garbanzos.
- Regla.

INSTRUCCIONES

Participan dos o más jugadores. Los vasos de papel serán los «sombreros mágicos» de este juego. Forra los vasos por fuera con cartulina negra. Recorta además dos redondeles a la medida de las bases y dos tiras para hacer el ala de los sombreros (véase la ilustración). Los jugadores pegan las piezas al vaso con cinta adhesiva y ¡ya están los sombreros mágicos!

Con el cartón haz un tablero para cada jugador de 21 cm de lado. Con la regla, traza una cuadrícula de tres cuadrados por tres en cada tablero y di a los niños que escriban un número en cada casilla del 1 al 9, sin repetir ninguno. Da dos garbanzos a cada jugador para que los metan en su sombrero mágico. Por turnos, los jugadores tiran sus garbanzos sobre el tablero con las palabras: «¡Patatín, patatán... el mago de la suma sumará!». Y entonces, suman los dos números sobre los que hayan caído los garbanzos. Cada resultado correcto es un punto y gana el que saque mayor puntuación.

AMPLIACIÓN

Como la mayoría de juegos de tablero, «El mago de la suma» se adapta a muchas cosas. Por ejemplo, para restar los números o multiplicarlos. Otra modalidad consiste en escribir palabras sencillas en las casillas del tablero; los jugadores leen las palabras donde caigan los dados y construyen una frase con ellas.

Contorsionistas circenses

Los niños nunca se cansan de este juego. Es una actividad tan adaptable que puede aplicarse como refuerzo a cualquier área de aprendizaje, como matemáticas, vocabulario o reconocimiento de los colores. En la versión que presentamos, los pequeños practican la lectura de números expresados en letras.

TIEMPO

Treinta minutos.

MATERIAL

- Retal de tela lisa de color claro de 120 × 120 cm aproximadamente.
- Rotuladores.
- Fichas grandes de cartulina.
- Cinta adhesiva o ladrillos.

INSTRUCCIONES

Participan dos o más jugadores. Dibuja 10 círculos en la tela, como para jugar a la rayuela, distribuidos de la siguiente forma: una fila de 3, debajo otra de 2, luego otra de 3 y finalmente otra de 2. Escribe un número con letras en cada círculo. Escríbelos también en fichas de cartulina, una para cada número, y colócalas en una pila boca abajo. Tiende la tela en el suelo o en la hierba y fíjala, con cinta adhesiva en el caso del suelo y con ladrillos en el caso del césped.

Los jugadores cogen una ficha cada uno y colocan un pie o una mano en el círculo del número que les haya salido. Después, por turnos cogen otra y colocan otro pie y otra mano donde les toque. El juego continúa hasta que un jugador esté tan retorcido que pierda el equilibrio y se caiga del «tablero».

AMPLIACIÓN

En los círculos se puede escribir lo que se quiera. Por ejemplo, numerales, y en las fichas, sumas sencillas. Si a un niño le sale la ficha de 2 + 2, tiene que colocar un pie o una mano en el círculo del 4, y así sucesivamente. También se podría dibujar polígonos en los círculos y sus nombres en las fichas.

Otra ampliación más es inventar un juego de emparejar palabras y dibujos. Por ejemplo, en la tela se escriben palabras referidas a conceptos, como alto, bajo, gordo, delgado, y en las fichas se ilustran con sencillos dibujos lineales o con recortes de revistas.

Encuestas

La confección e interpretación de gráficos es una habilidad matemática que se puede entender a edad temprana. Los gráficos de barras son muy apropiados para niños de cuatro a seis años y se pueden adaptar a muchas áreas de interés.

TIEMPO

Treinta minutos.

MATERIAL

- Hoja grande de papel blanco.
- Rotuladores.
- Revistas para recortar.
- Tijeras.
- Pegamento o cinta adhesiva.

INSTRUCCIONES

Dile al niño que tienes ganas de saber qué helado le gusta más a la gente, si el de vainilla o el de chocolate (puede valer cualquier otra pareja de comestibles, pero ésta está bien para empezar). Dile que durante unos días vas a preguntar a todos los que vengan a casa, a todos los de la familia y a todos los que llamen por teléfono qué helado les gusta más. Enséñale a organizar los datos en el gráfico. Dibuja una gráfica de dos barras en el papel blanco. Dile al niño que busque en las revistas una foto de un helado de vainilla y otro de chocolate, que las recorte y pegue cada una en la barra correspondiente, en la parte superior. Si no encontráis fotos, ayúdalo a dibujar helados de cucurucho, uno de cada sabor.

Empezad el gráfico con vuestras propias preferencias; pregunta al niño cuál le gusta más y coloread la porción de barra correspondiente, y después la que corresponda a tu gusto. Durante los días siguientes procura que el niño pregunte a más personas y rellene el gráfico. Cuando termine, comparad los resultados.

AMPLIACIÓN

En cuanto al niño le pique el gusanillo de la estadística, puede utilizar el mismo procedimiento para sondear opiniones sobre muchas cosas, como programas de televisión preferidos, actividades más practicadas, libros más leídos, etc.

Puntería geométrica

Este juego refuerza el reconocimiento de las formas geométricas y trabaja la motricidad gruesa del niño. Es una actividad idónea para días de lluvia porque proporciona ejercicio físico sin excesos.

TIEMPO

Una hora o más.

MATERIAL

- Tela.
- Plantillas para hacer un círculo, un cuadrado, un rectángulo y un triángulo. Hazlas de cartulina y usando regla y compás.

- Rotuladores.
- Tijeras.
- Hilo y aguja.
- Alubias o garbanzos.
- Caja grande de cartón.

INSTRUCCIONES

Participan dos o más jugadores. Dile al niño que dibuje en la tela 2 triángulos, 2 círculos, 2 cuadrados y 2 rectángulos. Son para confeccionar unas bolsas rellenas de alubias o garbanzos, así que procura hacer las plantillas de un tamaño adecuado. Dile al niño que recorte las formas de la tela. Cóselas a máquina o a mano pero deja un hueco por donde introducir el relleno y después ciérralo.

Coloca la caja de cartón con la base hacia arriba, como el tablero de una mesa. Dibuja 1 círculo, 1 cuadrado, 1 triángulo y 1 rectángulo en la caja. Procura que estas formas sean 3 o 4 cm más grandes que las bolsas en todo su perímetro. Recórtalas, así la caja tendrá cuatro «bocas». Pon a cada boca el nombre correspondiente.

Los jugadores lanzan las bolsas por turno diciendo qué forma tiran y cuántos lados tiene. En el caso del círculo, sólo hay que decir que es redonda. Si se consigue colar la bolsa por la boca correspondiente, se gana un punto y se vuelve a tirar. Si cae por otra boca, se puede tirar otra vez. Si cae fuera de la caja, no se obtiene puntuación y juega el siguiente. El juego se termina cuando se alcanza la puntuación previamente acordada o cuando los jugadores deciden dejarlo.

AMPLIACIÓN

Si el niño ya puede aprender más formas, completa el juego con otras más complicadas: 1 pentágono, 1 hexágono, 1 óvalo y 1 rombo.

Otro tres en raya

Este juego de lógica y estrategia es tan antiguo que hasta Shakespeare lo utilizó en su obra *Sueño de una noche de verano*. Actualmente se juega en muchas naciones europeas, incluida Francia, donde se llama «Merrilles» y Alemania, donde recibe el nombre de «Mühle».

TIEMPO

De treinta minutos a una hora.

MATERIAL

- Un cuadrado de cartulina o cartón de unos 30 o 40 cm de lado.
- Dos hojas pequeñas de cartulina o cartón de colores diferentes.

INSTRUCCIONES

Participan dos jugadores. Haz el tablero de juego con el cuadrado de cartulina. Dibuja 3 cuadrados concéntricos con sus diagonales y líneas intermedias como se muestra en la ilustración. Señala los puntos de intersección con un círculo, son las casillas de juego. Con la cartulina de colores, haz un juego de 9 fichas redondas para cada jugador, de unos 2,5 cm de diámetro cada una. El juego consiste en ir situando las fichas en las casillas por turno hasta conseguir colocar tres en raya (no valen las diagonales). Cuando un jugador consigue hacer tres en raya, se «come» una ficha del otro jugador, pero debe ser una ficha suelta, que no forme parte de tres ya colocadas en raya. Una vez colocadas todas las fichas en el tablero, el juego continúa. Cada jugador mueve una ficha siguiendo la línea en que esté situada, avanzando casillas de una en una. El juego termina cuando un jugador se queda con sólo 2 fichas.

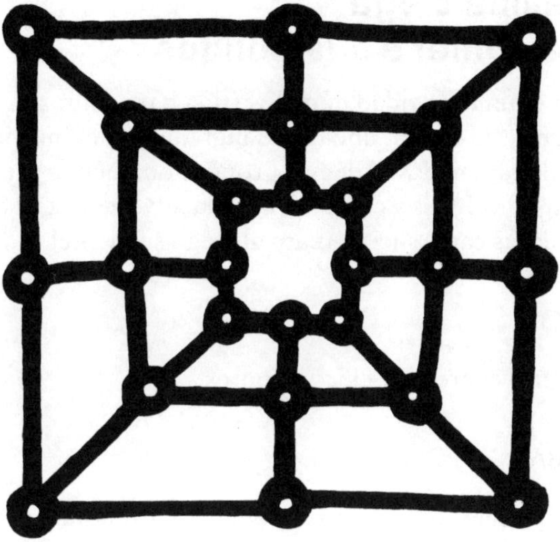

AMPLIACIÓN

Este juego se puede realizar al aire libre, dibujando el tablero en el suelo con tiza. Las posiciones que se ocupan se señalan con tiza de colores y se «come» borrando.

La gallina ciega da de comer a sus pollitos

Cocinar es una actividad muy divertida para compartir con los niños y, en esta receta, uno de los ingredientes es un chorro generoso de carcajadas. Además proporciona buena práctica en seguir instrucciones y contar. Una sola advertencia: si eres maniático de las caras sucias, ¡pasa al juego siguiente!

TIEMPO

De treinta a cuarenta y cinco minutos.

MATERIAL

- Un paquete de polvos para gelatina de un sabor.
- Nata espesa para montar (o ya montada, si tenéis prisa).
- Un batidor.
- Venda(s) para los ojos.

INSTRUCCIONES

Pueden participar dos o más niños (cuantos más sean, más divertido será).

Prepara la gelatina siguiendo las instrucciones del envase. Después, los niños montan la nata batiendo por turno, a 20 «vueltas» de batidor cada uno. Uno de los niños va contando las «vueltas» en voz alta. Aunque este paso lleve cierto tiempo, vale la pena porque sirve para reforzar el cómputo sencillo. De todos modos, si se aburren de contar y batir a mano, terminad el trabajo con la batidora eléctrica. Cuando la gelatina esté cuajada, divídela en cuencos individuales y adórnala con una cucharada de nata montada. Ahora empieza la auténtica juerga. Los niños forman parejas y uno de cada pareja se venda los ojos. La gallina ciega tiene que dar de comer a su compañero con una cuchara. Gana el equipo que primero termine de comer la gelatina. Como puedes suponer, este juego se convierte en un divertido desastre resbaladizo y pegajoso. ¡Que aproveche!

AMPLIACIÓN

Esta actividad se puede enriquecer variando las tareas de cómputo. Si el niño sabe contar hasta más de 20, en primer lugar aumenta el número de vueltas en los turnos de batir. Otra versión sería que los niños contaran de 5 en 5, de 10 en 10 o de 100 en 100. Para los más avanzados en las matemáticas, sería interesante llevar el cómputo total de vueltas de batidor.

Guirnalda de arándanos y palomitas para el árbol de Navidad

Las guirnaldas de arándanos y palomitas son adornos tradicionales de Navidad en algunos países, y resultan muy vistosas y fáciles de hacer. A los niños le gusta hacer cadenas tan altas como ellos, o dos o tres veces más largas. Además, esta actividad es apropiada para repasar los polígonos: una parte importante de los principios matemáticos.

TIEMPO

De treinta minutos a dos horas.

MATERIAL

- Ficha de cartulina.
- Un rotulador rojo y otro amarillo.
- Palomitas de maíz.
- Arándanos.
- Aguja.
- Hilo resistente.
- Purpurina (optativo).

INSTRUCCIONES

En la ficha de cartulina, dibuja una serie repetitiva de círculos. Por ejemplo, uno amarillo, uno rojo, uno amarillo, uno rojo, etcétera. Enséñaselo al niño y dile que se llama serie «repetitiva» porque se va repitiendo siempre en el mismo orden. Después, haz otra más complicada, como dos amarillos, uno rojo, dos amarillos, uno rojo, etc. Ayúdalo a entender cómo funcionan estas series.

En cuanto te des cuenta de que el niño ya ha comprendido este concepto, dile que se invente él una serie para hacerla con palomitas y arándanos. Los círculos rojos son los arándanos y los amarillos, las palomitas. Enhebra tú la aguja, hazle un nudo en un extremo y deja que el niño ensarte las cuentas. Si se cansa de la serie que ha escogido, que inicie una nueva. Es posible que algunos arándanos no se dejen ensartar y que las palomitas desaparezcan como por ensalmo, pero no te rindas. Los niños suelen llegar a hacer las guirnaldas con un poco de práctica. Dadles un toque moderno rociándolas con purpurina en aerosol, pero toma la precaución de hacerlo sobre un periódico.

AMPLIACIÓN

Se puede convertir esta actividad en una entrañable velada nocturna en familia. Di a uno de los niños mayores que empiece a leer en voz alta el *Cuento de Navidad* de Dickens o *La niña de las cerillas,* de Andersen. Cuéntales lo que solíais hacer cuando erais pequeños para celebrar la Navidad.

Cuestión de peso

Si tenéis báscula en el cuarto de baño, ya debes de saber que a los niños les encanta pesarse. Aprovéchalo para convertir la báscula en parte de un juego matemático de medidas pensado para ayudar al niño a establecer comparaciones y predicciones.

TIEMPO

Treinta minutos o más.

MATERIAL

- Báscula de baño.
- Enseres caseros diversos.

INSTRUCCIONES

Si es necesario, explícale al niño el funcionamiento de la báscula. Dile que los números indican los kilos que pesa cualquier cosa. Cuanto más pesa un objeto, más elevado es el número que señala la aguja. Pregúntale quién cree que pesará más, él o tú. Pregúntale también cómo podríais comprobarlo y pesaos los dos para corroborar su predicción.

Después, enséñale dos objetos cualesquiera y pregúntale cuál cree que pesará más. Procura que uno de los objetos pese al menos un kilo más que el otro, para ahorrarte explicaciones sobre fracciones de kilogramo. Déjalo que compruebe sus hipótesis.

AMPLIACIÓN

Mientras el niño va comparando objetos, dile que apunte los pesos en números redondos. Más tarde, cuando un niño mayor u otro adulto intervenga, dile al pequeño que le enseñe los objetos que ha pesado y que le pregunte cuál cree que es el que más pesa, el que menos, etc. Al pequeño le encantará poner a prueba la supuesta «sabiduría» de los mayores.

¿Qué explica la tele?

Esta actividad va a convertir la sesión de dibujos animados del sábado por la mañana en una valiosa experiencia de aprendizaje. Es, además, una buena introducción a la confección de gráficos que abre los ojos al niño en cuanto a la forma en que los medios de comunicación influyen en nuestros gustos y preferencias a la hora de adquirir productos.

TIEMPO

Treinta minutos o más.

MATERIAL

- Televisor.
- Papel blanco grande.
- Regla.
- Rotuladores de colores.

INSTRUCCIONES

Pregunta al niño si sabe por qué hay anuncios en medio de los programas de televisión. Explícale que los que se anuncian pagan por el tiempo que dura el anuncio y que ese dinero influye indirectamente en el coste de la producción televisiva. Pregúntale si alguna vez se le ha ocurrido contar los anuncios que ponen en sus programas preferidos y si le gustaría compararlo con otros programas.

Ayúdalo a confeccionar un gráfico de barras en papel y enséñale a usarlo para contabilizar el número de anuncios de los programas que más le gusten. Dile que ponga en cada barra el nombre del programa o el dibujo que lo simbolice. Siéntate con él a ver el programa elegido y ayúdalo a colorear el gráfico.

Mientras tanto, comenta con él el contenido de los anuncios. ¿De verdad le parece que tal o cual muñeco es «igualito que un bebé»? ¿O que el cereal de moda le va a hacer más fuerte o más feliz? Hasta un niño de cuatro años puede empezar a darse cuenta del verdadero significado de la publicidad. Es necesario que los niños comprendan que no hay que tomar al pie de la letra todo lo que oyen o ven en televisión.

AMPLIACIÓN

Enseña al niño a usar un cronómetro, o un reloj con segundero fácil de leer, para medir el tiempo que se dedica a la publicidad en sus programas preferidos. Reflejad los resultados en la gráfica y comparadlos con un programa para adultos, como las noticias o la telecomedia de la temporada. ¿Hay espacios que dediquen más tiempo que otros a la publicidad? ¿Cómo podemos interpretar estos resultados?

¿Te has dado cuenta de que durante los anuncios sube mucho el volumen del televisor? Di al niño que escuche con los ojos cerrados para comprobarlo. A ver si se le ocurre por qué en los anuncios sube el volumen.

Calendario

Esta actividad sirve para enseñar al niño a interpretar y utilizar el calendario. Además, el niño puede confeccionar uno para regalárselo a un abuelo o a otro familiar adulto.

TIEMPO

De dos a tres horas.

MATERIAL

- Calendario de pared o de mesa (mejor con ilustraciones).
- Cartulina blanca (u otro papel grueso).
- Regla.
- Lápiz.
- Rotuladores de colores o pinturas de cera plástica.
- Clips o grapadora.

INSTRUCCIONES

Enseña el calendario al niño y explícale que a cada hoja le corresponde un mes del año. Pasad las hojas para que vea que las fiestas se destacan con otro color o de otra forma. Enséñale que el calendario se organiza en días de la semana y número correspondiente del mes. Propónle confeccionar un calendario para él o para regalar a alguien. Corta doce hojas de papel de unos 40 × 20 cm. Colócalas en sentido vertical y traza una línea en cada una que divida el tercio de la hoja. En la parte inferior dibuja una cuadrícula con ayuda de la regla. Dile al niño que escriba los días de la semana en la parte superior de la cuadrícula. Es mejor que trabaje mes a mes, de modo que dile que ponga el título «Enero» en la primera hoja y ayúdalo a colocar los números en su lugar correspondiente, empezando por el 1 y terminando por el 31. Ten la precaución de que coloque el 1 correctamente, en su día de la semana. Recuérdale que unos meses son más largos que otros y repasadlos todos.

Propónle que haga un dibujo para cada mes en el tercio superior de cada hoja. A lo mejor quiere dibujar un bebé para simbolizar el Año Nuevo o cualquier otra cosa que, para él, tenga el significado de «comienzo».

Haced lo mismo con el resto de los meses. Una escena veraniega estaría bien para agosto, y para septiembre, algo relacionado con la vuelta al colegio.

Cuando el calendario esté completo, cosed las hojas con la grapadora o unidlas con clips.

AMPLIACIÓN

Repasad juntos el calendario para señalar las fiestas nacionales y religiosas. Y si queréis un calendario exclusivo, señalad además las fechas importantes para la familia, como cumpleaños y aniversarios.

También es un buen momento para enseñarle el «Treinta días trae septiembre», si aún no lo sabe.

Treinta días trae septiembre
con abril, junio y noviembre.
Treinta y uno los demás,
menos febrero el loco,
que con veintiocho días
termina muy pronto.
Y cuando el año es bisiesto
nos regala un día más.

4.

Ciencias Naturales y Sociales

Conductores del calor

Es posible que el niño se haya fijado en que, para coger algunas cazuelas, se usa una manopla o trapo de cocina pero para otras, no. La siguiente demostración sirve como sencilla introducción práctica al concepto de conductores y, al mismo tiempo, como refuerzo de una importante lección de precaución.

TIEMPO

De quince a treinta minutos.

MATERIAL

- Cuenco.
- Agua caliente.
- Cuchara de palo o cualquier otro utensilio de madera.
- Cuchara de metal.
- Dos cazos, uno con mango de baquelita o madera y otro con mango de metal.
- Manopla de horno.

INSTRUCCIONES

Llena el cuenco de agua caliente y dile al niño que meta ahí la cuchara de palo. ¿Se calienta la cuchara? Ahora dile que pruebe con la de metal. ¿Se calienta un poco la cuchara de metal? Cuéntale que unos cuerpos permiten el paso del calor y otros, no. Los que permiten el paso del calor se llaman *conductores* y están hechos de una sustancia conductora. ¿Cuál de las dos cucharas es un cuerpo conductor, la de madera o la de metal? Deja que el niño repita el experimento con otros objetos metálicos y no metálicos, como clips, imperdibles, peines de plástico y pajitas de papel. Ayúdalo a deducir que el metal es buen conductor pero la mayoría de las otras sustancias, no.

AMPLIACIÓN

Enseña los dos cazos al niño. Cuéntale que cuando se cocina, se tiene que agarrar uno con manopla, pero el otro, no. ¿Cuál será el que se tiene que agarrar con manopla? ¿Por qué se tiene que coger con una manopla? Enséñale la manopla y pregúntale si será un cuerpo conductor. Dile que los cuerpos que no son buenos conductores del calor se llaman *aislantes*.

Ayúdalo a aplicar lo que ha aprendido a las situaciones cotidianas. Por ejemplo, el broche del cinturón de seguridad del coche puede estar ardiendo en un día de mucho calor. Y también los toboganes metálicos del parque se calientan mucho al sol... ¡ojo!

Contemplar las estrellas

Si combinamos un poco de astronomía con un poco de artesanía, tenemos una actividad creativa y que estimula la investigación científica al mismo tiempo.

TIEMPO

Treinta minutos o más.

MATERIAL

- Cartulina negra.
- Estrellas adhesivas.

INSTRUCCIONES

Aprovecha una noche de cielo claro y estrellado para observar los astros en familia. Enséñales a localizar la Osa Mayor u otras constelaciones. Si el tema te resulta atractivo, prepáralo un poco previamente. Consulta en la biblioteca algunos libros de mitos y leyendas relacionados con el nombre de las constelaciones y cuéntaselos al niño. Después, que el niño construya su propio cielo con la cartulina y las estrellas adhesivas.

AMPLIACIÓN

Cuando le hayas contado unas cuantas historias sobre las constelaciones, seguro que le apetece inventarse alguna. Anímalo a que escriba la historia de su constelación imaginaria. O que te la cuente a ti, tú se la escribes y él la ilustra. La cartulina negra con estrellas puede ser la cubierta de su libro de constelaciones.

Si el tema le interesa vivamente, dile que reproduzca con las estrellas adhesivas algunas constelaciones auténticas, como la Osa Mayor y Orión.

¿Por qué tengo que tomar leche?

La próxima vez que el niño proteste a la hora de tomarse la leche*, recurre a la siguiente demostración para que comprenda por qué el calcio es tan importante en su crecimiento y desarrollo. ¡Hasta tú te convencerás!

TIEMPO

Quince minutos o más.

MATERIAL

- Un hueso delgado de pollo ya cocinado (el de la clavícula o el del ala, por ejemplo).
- Vinagre suficiente para cubrirlo.
- Un recipiente hondo.

INSTRUCCIONES

Explica al niño que nuestros huesos necesitan calcio para ser fuertes y duros. Y también los de pollo. Demuéstrale de forma práctica lo que pasa con los huesos si no tienen calcio suficiente: pon el hueso de pollo en el recipiente y déjalo en vinagre unos días. El vinagre disuelve el calcio y, cuando vayáis a sacar el hueso, lo encontraréis blando y gomoso.

* Muchas personas son alérgicas a la leche y a los productos lácteos. Si es así, utiliza esta actividad para «defender» otros alimentos ricos en calcio, como las espinacas, el queso de soja y las almendras.

AMPLIACIÓN

El calcio es sólo una de las sustancias nutritivas que nuestro cuerpo necesita. Ayuda al niño a descubrir otras vitaminas y minerales que son imprescindibles para mantener la salud. Un buen libro de nutrición puede ser el punto de partida adecuado. Pide consejo en la biblioteca pero fíjate bien en el libro que escoges porque no todo el mundo está de acuerdo en el tema de la nutrición y seguro que prefieres uno que se adecue a tus puntos de vista.

Otra forma de ampliar esta actividad es decir al niño que recorte fotos o dibujos de alimentos ricos en determinadas vitaminas y minerales. Dile que agrupe los recortes por categorías y los coloque en un cuadro sinóptico o esquema.

Ya es primavera

Muchas plantas tienen tubos diminutos en el tallo y en las hojas por donde circulan las sustancias nutritivas. Aprovecha esta sencilla actividad para enseñar al niño el concepto de sistema vascular y para alegrar la casa el 21 de marzo, por ejemplo.

TIEMPO

Treinta minutos o más.

MATERIAL

- Claveles blancos (tantos como queráis).
- Dos jarrones pequeños o vasos altos.
- Colorante alimentario rojo.
- Colorante alimentario azul.

INSTRUCCIONES

Cuéntale al niño que vas a adornar la casa con flores para celebrar la llegada de la primavera. Llena los recipientes de agua y añade un par de gotas de colorante. Pregúntale si se le ocurre cómo teñir los claveles de rojo y azul con el colorante. Si te dice que metiéndolos dentro del agua teñida, explícale que las flores se marchitarían y perderían su belleza. Cuéntale que el tallo de las flores tiene unos tubos diminutos por donde el agua sube a la flor. Dile al niño que ponga una flor en cada recipiente y dejadlos en un lugar soleado. Al cabo de un par de días, los claveles empiezan a cambiar de color.

AMPLIACIÓN

Usad los colores que queráis según la ocasión: verde y rojo para Navidad, morado para Semana Santa, el color que más le guste al niño para celebrar su cumpleaños, etc. También se pueden teñir los claveles de dos colores practicando un corte en el tallo e introduciendo cada mitad en un recipiente con agua de un color, por ejemplo, uno verde y otro rojo.

A lo mejor ya sabías que «el padre» de este invento es el viejo truco del apio. El apio también absorbe el colorante alimentario y es de fácil manejo para los niños.

Las mariposas nacen libres

La transformación de una oruga en mariposa es un acontecimiento sorprendente que pocos han tenido el privilegio de presenciar. Con esta sencilla actividad, el niño y tú podéis ser unos de los pocos que lo han visto alguna vez.

TIEMPO

Treinta minutos o más.

MATERIAL

- Frascos grandes con tapadera.
- Herramienta puntiaguda para agujerear la tapadera.
- Orugas.
- Hojas.

INSTRUCCIONES

Empezad esta actividad en un día despejado de septiembre u octubre. Practica unos agujeros pequeños en la tapadera del frasco para que el interior se airee. Salid al parque o al patio y buscad dos o tres orugas; ponedlas en el frasco con unas cuantas hojas y una ramita y mojad las hojas ligeramente. Tapad el frasco y dejadlo en el exterior, en el jardín o en el alféizar de una ventana. Encarga al niño que ponga hojas frescas en el frasco todos los días para que las orugas coman. A medida que la temperatura vaya bajando, el niño se dará cuenta de que las orugas dejan de comer. Si se trata de una oruga de mariposa nocturna, enseguida empezará a tejer el capullo a su alrededor. Si es de mariposa diurna, empezará a endurecerse hasta convertirse en crisálida. El capullo es sedoso y la crisálida es una especie de cubierta protectora dura. Más adelante, seguramente al llegar la primavera, las orugas saldrán de su letargo convertidas en mariposas.

AMPLIACIÓN

Recoger datos con exactitud es una parte esencial de la investigación científica. Ayuda al niño a confeccionar un historial de evolución apuntando el momento exacto en que las orugas dejaron de comer, el aspecto que iban tomando de una semana a otra y cuándo rompieron el capullo o la crisálida.

Esta actividad se puede ampliar con una visita a la biblioteca para consultar libros sobre orugas y mariposas. Con un poco de suerte, identificaréis los especímenes que recogisteis.

Si no tenéis tiempo para ir a la biblioteca, cuéntale al niño que las mariposas son insectos muy útiles porque transportan el polen de las flores y, además, sirven de inspiración a muchos artistas y artesanos. Por otra parte, muchas orugas son perniciosas porque destruyen numerosas cosechas en todo el mundo.

Lleno de aire

Como el aire es invisible (excepto en las ciudades más contaminadas) a los niños les cuesta creer que ocupe espacio. Con esta sencilla demostración le harás comprender un principio científico de gran importancia.

TIEMPO

Quince minutos.

MATERIAL

- Un papel pequeño.
- Un vaso vacío.
- Un cuenco hondo o un cubo de agua pequeño.

INSTRUCCIONES

Dobla el papel como si fuera un taco y colócalo en el fondo del vaso. El taco de papel debe tener el tamaño necesario para que no se caiga al dar la vuelta al vaso. Dile al niño que vas a sumergir el vaso boca abajo en el cubo de agua. Pregúntale si le parece que el papel se mojará o no. Cuando te haya contestado, sumerge el vaso boca abajo. Sácalo y pídele al niño que coja el taco de papel. El papel estará seco.

Explícale que, aunque parecía que el vaso estaba vacío, en realidad estaba lleno de aire. El aire hizo de protector del papel y así el agua no lo mojó.

AMPLIACIÓN

Si repetimos el experimento y ladeamos ligeramente el vaso, el niño verá el aire que contiene el vaso; los dos veréis cómo se escapa el aire en forma de burbujas a medida que el agua entra en el vaso.

Cristales de sal

No hay nada tan satisfactorio como hacer que nazca una cosa de unos cuantos elementos cotidianos. En esta actividad, el agua se evapora y los cristales de sal comienzan a aparecer pegados a las piedras.

TIEMPO

Treinta minutos.

MATERIAL

- Piedras porosas o carbón.
- Cuenco (de sopa o leche).
- Agua templada.
- Sal.
- Cuchara sopera.
- Vinagre.

INSTRUCCIONES

Busca con el niño piedras pequeñas que tengan muchos agujeritos. Llena el cuenco de agua por la mitad. Añade sal y remueve. Sigue añadiendo cucharadas de una en una y removiendo hasta que se disuelva la sal por completo. Cuando ya no se pueda disolver más, añade una cucharada de vinagre y remuévelo todo. Introduce las piedras, cuantas más, mejor. Deja que algunas sobresalgan del nivel del agua. Al cabo de 24 horas, los cristales de roca empezarán a posarse sobre las piedras.

AMPLIACIÓN

Explícale al niño que el vinagre es muy importante en este proceso porque limpia las piedras y permite que el agua se introduzca en los poros de la superficie. Si es posible, enriquece esta actividad con un paseo al aire libre y buscad minerales que tengan cristales. Una lupa os servirá de ayuda para detectar los cristales incrustados en las piedras.

Fósiles a troche y moche

Los fósiles son una ventana mágica al pasado. Esta receta que os propongo es para hacer fósiles caseros y para que el niño entienda el proceso de formación de estas curiosidades naturales.

TIEMPO

Treinta minutos o más.

MATERIAL

- Arcilla o plastilina casera (véase la receta en pág. 165).
- Molde desechable de aluminio (redondo, cuadrado o rectangular).
- Yeso.
- Fósiles posibles: cualquier cosa que queráis «fosilizar», como conchas o huesos de pollo.

INSTRUCCIONES

Dile al niño que cubra el fondo del molde con una capa de arcilla o plastilina casera y que incruste ahí los futuros fósiles. Ayúdalo a seguir las instrucciones del paquete para preparar el yeso y a verterlo en el molde. Dejadlo endurecer durante 10 horas al menos (o toda la noche). Cuando el yeso esté bien seco y duro, dile que retire el molde y... ¡ya está! Los primeros fósiles de su colección.

AMPLIACIÓN

Es posible que al niño le guste saber cosas sobre los científicos que buscan y estudian los fósiles. Se llaman paleontólogos y generalmente buscan las reliquias que encierran las rocas de sedimentación (las que se formaron capa a capa, de pequeñas partículas y a lo largo de miles de años), es decir, los restos de animales y plantas que poblaron la Tierra en diferentes épocas. Cuando los encuentran, los limpian y los estudian en laboratorios y museos. Los paleontólogos los comparan con otros fósiles y con plantas y animales vivos de nuestra época. Así descubren muchas cosas sobre el pasado de nuestro planeta, la Tierra.

En los museos de Historia Natural siempre hay exposiciones de fósiles; seguro que en vuestra ciudad hay uno. En algunos se puede observar a los técnicos y científicos mientras limpian huesos y fósiles. Es posible que el museo que tengáis más cerca esté deseando organizar una demostración para los niños. ¡No te dejes vencer por la timidez, no se pierde nada por preguntar!

Jardinera, tú que riegas

Esta actividad sirve de introducción al mundo de las plantas, a su crecimiento y desarrollo. Es sencilla y además decorativa.

TIEMPO

Treinta minutos o más.

MATERIAL

- Cuatro plantas pequeñas y sanas o bien cuatro semillas; las de rábano, por ejemplo, nacen y crecen con relativa rapidez. Como recipientes sirven unos vasos de espuma de poliestireno.
- Un armario.
- Agua.

INSTRUCCIONES

Cuéntale al niño que las plantas necesitan tierra nutritiva para crecer, y que por eso los jardineros suelen añadir abono para mejorar sus plantas. Pregúntale si sabe qué más necesitan las plantas para crecer. Pregúntale si necesitan agua y luz. ¿Cómo podría demostrarlo? Colocad uno de los recipientes en un armario oscuro y otro, en una ventana soleada, que el niño los riegue por igual durante unos cuantos días y vaya tomando nota de los cambios en cada una de las plantas. ¿Qué le pasa a la planta del armario?

Para demostrar que necesitan agua, preparad el experimento siguiente: colocad dos plantas sanas juntas en un lugar soleado, pero que el niño riegue sólo una durante unos días. ¿Qué ocurre?

AMPLIACIÓN

Casi todos los tallos de las plantas verdes crecen hacia arriba. Así, las hojas se separan del suelo y de la suciedad y reciben la luz del sol sin obstáculos. Si el tallo de una planta verde se inclina hacia un lado, las hojas se tuercen hacia arriba. Este hecho sorprendente se llama *heliotropismo*. Enséñaselo al niño de forma práctica colocando de lado uno de los rábanos. ¿Qué sucede al cabo de unos días?

Semillero aromático al estilo huevera

Las hierbas aromáticas crecen fácilmente y proporcionan una espléndida primera cosecha a los pequeños jardineros. Esta actividad podría hacer germinar un interés imperecedero por la botánica o la agricultura.

TIEMPO

Treinta minutos o más.

MATERIAL

- Huevera de plástico.
- Clavo.
- Guijarros.
- Tierra para plantas.
- Semillas de hierbas, como la menta, la albahaca o el perejil.

- Bandeja.
- Regadera llena.
- Recipientes pequeños de arcilla o plástico.

INSTRUCCIONES

Enseña al niño a llenar la huevera: primero, haced un pequeño agujero en el fondo de cada hueco con el clavo, para facilitar el drenaje. Después, poned unos pocos guijarros, tierra y dos o tres semillas en cada hueco. Poned un poco más de tierra para tapar las semillas. Regadlo todo y colocadlo en una ventana soleada, sobre una bandeja, para evitar la suciedad. La huevera debe mantenerse húmeda y, cuando despunten las plantas, entre 2 y 5 cm, trasplantadlas a los recipientes de arcilla, sin olvidaros de poner guijarros en el fondo y más tierra por encima. A la hora del trasplante, sacad las plantas una a una de la huevera procurando dejar el montoncito de tierra alrededor de la raíz. Mantened las macetas húmedas, en una ventana soleada, y recogeréis cosecha todo el año.

AMPLIACIÓN

Estimula el desarrollo del gusto y el olfato en el niño con este juego de «La gallina ciega cata hierbas». ¿Es capaz de identificar, mediante el olfato y el gusto, las variedades que hayáis plantado? Recuérdale que las personas ciegas suelen tener estos dos sentidos mucho más desarrollados porque los necesitan para conocer el mundo que los rodea.

Háblale también de que, en muchas culturas, las hierbas se usan en cosmética y medicina. Seguro que en vuestro barrio, o en las cercanías, hay alguna herboristería; lleva allí a tu hijo para que vea directamente las hierbas medicinales.

En algunas culturas se cree que algunas hierbas poseen cualidades específicas. Acudid a la biblioteca y consultad algún libro sobre estas «personalidades» especiales.

Comedero para pájaros silvestres

A los niños les hace mucha gracia saber que a los pájaros también les gusta la mantequilla. Cuando los niños hayan construido este sencillo comedero para pájaros, es posible que mientras ellos coman, también sus alados amigos estén «sentados a la mesa». Esta actividad podría desarrollar la afición por la observación de las aves o el estudio de la ornitología.

TIEMPO

De quince a treinta minutos.

MATERIAL

- Cuerda.
- Piña piñonera grande.
- Mantequilla.
- Cuchara.
- Papel parafinado.
- Alpiste.

INSTRUCCIONES

Ata la cuerda a la piña por su parte superior y después, con una cuchara, unta la piña de mantequilla. Después, enrolla la piña en papel parafinado, previamente cubierto de alpiste. Cuelga el comedero de un árbol y espera a que los pájaros acudan al festín.

AMPLIACIÓN

La consecuencia más natural de disponer de un comedero para pájaros es aprender algo sobre las clases de aves y sus costumbres. Comenzad por los pájaros que suelen acudir al comedero. El niño puede llevar un diario de los pájaros que vea. Un buen libro de la biblioteca lo ayudará a identificarlos. Hablad de cómo viven los pájaros. ¿Dónde viven? ¿Pasan el invierno con vosotros o emigran hacia el sur? ¿Cuándo vuelven? ¿Cómo se alimentan? ¿Qué encuentran en el alpiste? ¿Todos los pájaros comen gusanos? El tema te encandilará enseguida tanto como a los niños: dar de comer a los pájaros y aprender sobre ellos es divertido para todos.

Mantel individual de otoño

Este divertido proyecto artesanal ayuda al niño a apreciar algunos de los cambios que tienen lugar cuando el verano da paso al otoño. Cuando esté terminado, los recuerdos de principios de octubre permanecerán frescos durante meses mientras el niño desayuna con su mantel individual de otoño.

TIEMPO

Una hora o más.

MATERIAL

- Hojas de otoño.
- Tijeras.
- Cartulina gruesa.
- Cola blanca.
- Papel parafinado.
- Libros gordos.
- Pincel.
- Barniz ligero o acabado líquido al agua (látex).

INSTRUCCIONES

Id a dar un paseo y comenta con el niño que muchas hojas de los árboles han cambiado de color. Hazle preguntas que lo ayuden a centrarse en los cambios de estación. ¿De qué color eran las hojas en verano? ¿Qué pasará con las hojas en invierno? ¿Qué les pasa a los árboles en primavera? ¿En qué estación hace más calor? ¿Y más frío? ¿Cuándo se ven más colores en el campo? ¿En qué estación empieza el colegio? ¿Cuándo terminan las clases? ¿Cuándo es Navidad? Mientras paseáis, el niño puede ir recogiendo hojas de diferentes tonos para llevarlas a casa y hacer el mantel individual.

Dile al niño que corte la cartulina en rectángulos del tamaño de manteles individuales. Luego, que ponga pegamento en la parte de las hojas donde más se notan las nervaduras, es decir, en el envés, y que las coloque en la cartulina como más le guste. Presionadlas con fuerza, tapadlo todo con la hoja de papel parafinado y poned libros gordos encima. Cuando esté bien seco, retirad el papel parafinado y aplicad una capa de barniz o plástico líquido. Dad dos capas más de barniz, pero dejando secar entre capa y capa.

AMPLIACIÓN

Una consulta en la biblioteca os proporcionará varias guías de la naturaleza donde el niño podrá identificar los árboles más abundantes de vuestro barrio. Dad un paseo para comprobar cuántos conoce y, mientras paseáis, explícale que los árboles que pierden la hoja en otoño se llaman *caducifolios* o de hoja caduca, pero los que conservan sus hojas todo el invierno se llaman *perennes*. En otoño, los árboles que cambian de color son los de hoja caduca. ¿Cuántos árboles de hoja caduca ves? ¿Y cuántos de hoja perenne?

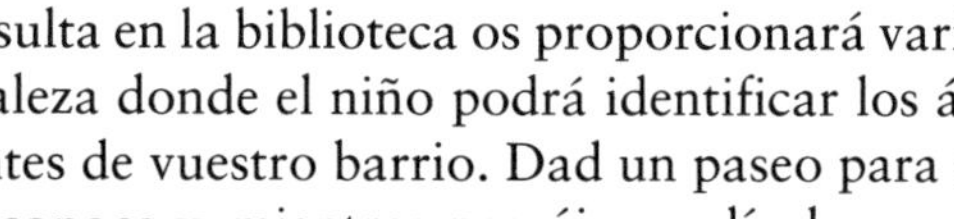

Día de lluvia divertido

Esta actividad transforma un día gris de lluvia en una espléndida ocasión para aprender Ciencias Naturales. Además, refuerza los conocimientos sobre las medidas de capacidad.

TIEMPO

Treinta minutos o más.

MATERIAL

- Globo terráqueo o mapamundi.
- Frasco de cristal (mejor si es verde y delgado).
- Regla.
- Laca de uñas de color.
- Embudo.
- Lata de café vacía.

INSTRUCCIONES

Explícale al niño que no llueve con la misma frecuencia en todas las partes del mundo. En las zonas tropicales llueve muchísimo, en las templadas llueve menos y en los desiertos casi nada. Señálale las zonas correspondientes en el mapa o globo a medida que se lo cuentas.

Háblale también de los meteorólogos y de cómo calculan la cantidad de lluvia que cae en un lugar midiendo con un aparato llamado *pluviómetro*. A lo mejor le apetece construirse uno. Sujeta la regla al lado del frasco y ayúdalo a marcar, con la laca de uñas, 2 cm subdivididos en milímetros. Colocad el embudo en el frasco y el frasco en el bote de café, para que no lo tire el viento ni la lluvia.

Dile al niño que se ponga el impermeable y salga a colocar el pluviómetro en una parte descubierta del jardín, en el balcón o en una ventana. Después, que vaya a mirarlo cada cierto tiempo. ¿Cuánta agua cayó en total? ¿Hay diferencia entre vuestro cálculo y el de la información del tiempo de esa tarde? ¿Cuál fue la diferencia? El pluviómetro de la estación meteorológica tendrá un diámetro más ancho que vuestro frasco y estará marcado con mucha mayor precisión.

AMPLIACIÓN

Ayuda al niño a hacer un gráfico de barras para anotar la cantidad de agua que cae durante un mes. ¿Cuántos días llovió? ¿Cuál fue el día más lluvioso? ¿Y el menos lluvioso?

Buscad un libro en la biblioteca que compare las cantidades de lluvia en las diferentes ciudades de España. ¿Dónde le gustaría más vivir a tu hijo, en Oviedo o en Badajoz?

Cuéntale la historia del Arca de Noé y pide en la biblioteca cuentos o leyendas sobre la lluvia.

Abrázate al árbol

Esta actividad es una reflexión sobre la naturaleza y obliga al niño a emplear todos sus sentidos para descubrir las sorprendentes características de aquélla.

TIEMPO

Treinta minutos.

MATERIAL

- Una arboleda.
- Una venda para los ojos.

INSTRUCCIONES

Lleva al niño junto a un árbol, pero con los ojos vendados. Ayúdalo a reconocerlo con las manos y el rostro. ¿Qué tacto tiene? ¿Tiene mucha corteza? ¿Es grueso? ¿Delgado? ¿Puedes rodearlo entero con los brazos? ¿Qué pasa si lo acaricias con la cara? Después de este examen «a ciegas», lleva al niño al sitio donde le pusiste la venda, pero haciendo un pequeño zigzag para despistarlo un poco. Luego quítale la venda y... ¡a ver si encuentra su árbol! Después te toca a ti.

AMPLIACIÓN

Llévate una cámara de fotos, una lupa y unos prismáticos. Hazle una foto al niño junto a su árbol. Dale la lupa para que lo mire bien de cerca. ¿Hay insectos en la corteza? ¿Hay señales de pájaros u otros animales? Después, id a la biblioteca a buscar una guía de árboles y tratad de localizar el que habéis observado.

El mundo por la mano

Este juego es una forma divertida de familiarizar al niño con los mapas y su organización. La actividad de ampliación sirve para enseñar, además, un poco de geografía.

TIEMPO

Treinta minutos.

MATERIAL

- Mapamundi grande.
- Cartulinas de colores.
- Cinta adhesiva o chinchetas.
- Venda para los ojos.

INSTRUCCIONES

Participan dos o más jugadores.

Enseña el mapa a los niños e indícales que las zonas azules señalan agua y las de otros colores señalan la tierra. Recorta una casa y sujétala con una chincheta o con cinta adhesiva al lugar del mapa donde vivís, aproximadamente. Recorta siluetas de aviones, de un color distinto para cada jugador. Los jugadores tienen los ojos vendados y dan dos o tres vueltas sobre sí mismos. Después, intentan situar el avión lo más lejos posible de la casa, pero en tierra. Si quieres, pueden jugar a puntos, y cada vez que aterricen en tierra ganan 1 punto.

AMPLIACIÓN

Para jugadores más avanzados y dispuestos a aprender un poco de geografía, cada vez que uno aterrice, di el nombre del país y añade un poco de información sobre el clima, si es posible. Después, pregúntale qué se llevaría a ese país si fuera a conocerlo.

Tu barrio

A los niños les intrigan las cosas que usan los adultos. Los mapas son un buen ejemplo. Cuando van en coche, miran el mapa y se preguntan qué relación tendrá con las carreteras por las que circuláis. Los mapas de carreteras son difíciles para los pequeños, pero el barrio tiene unas dimensiones idóneas para confeccionar un mapa de principiantes. Esta actividad sirve de iniciación al manejo de los mapas y es una oportunidad de explorar el barrio desde la mesa del comedor.

TIEMPO

De treinta minutos a una hora.

MATERIAL

- Lápiz y papel.
- Una gasa cuadrada o un trozo cuadrado de algodón blanco, del tamaño que quieras.
- Rotulador.
- Retales de fieltro.

INSTRUCCIONES

Con el lápiz y el papel, traza un bosquejo del vecindario, del pueblo, etc., donde aparezcan los puntos principales: la escuela, la oficina de Correos, el supermercado, la panadería, el parque, etcétera. Ayuda al niño a situarlos en una relación norte-sur proporcionada. Después, añadid lugares que sean más significativos para vosotros, como la casa de los abuelos o de los amigos, la tienda de juguetes o todo aquello que para el niño sea importante. Cuando lo terminéis, calcadlo en la tela con el rotulador. Recorta los lugares señalados en fieltro y pégalos a la tela con pegamento. Cuelga el mapa en la cocina o en la habitación del niño.

AMPLIACIÓN

La cartografía, o ciencia de los mapas, puede resultar fascinante para el niño. Cuando vayáis de viaje, señala los lugares en el mapa. Señálale en el mapa dónde nacieron los familiares o amigos o dónde viven. Enséñale diversas ciudades en el mapa y dile que están en la costa o tierra adentro, en el norte, sur, este, oeste o centro de la península, etc. Cuéntale que el sol sale por el este y se pone por el oeste y luego insistid en el concepto con juegos de «este-oeste». Por ejemplo: «¿Ese árbol está al este o al oeste? ¿Y esa casa?». Compra una brújula barata y explícale cómo funciona. ¡Todos tendréis muy pronto un buen sentido de la orientación!

5.
Psicomotricidad y autoconocimiento

Chútale fuerte

De un tiempo a esta parte, muchos especialistas del desarrollo infantil sostienen que la coordinación motriz y la facilidad para el aprendizaje de la lectura están relacionados. En pocas palabras, creen que los niños con un buen desarrollo psicomotor están mejor capacitados para procesar y asimilar información. La siguiente actividad estimula el desarrollo de las habilidades motrices y la concentración mental.

TIEMPO

De quince a treinta minutos.

MATERIAL

- Dos pelotas de tamaño balonvolea.

INSTRUCCIONES

Participan dos o más jugadores. Si hay más de dos, hacen falta tantas pelotas como participantes.

«Chútale fuerte» es, esencialmente, una carrera. Señala las líneas de salida y meta. Para ganar, cada niño tiene que ir dando patadas a la pelota, sin tocarla con las manos, al tiempo que corre hacia la meta. Gana el primero que llegue a la meta con su pelota.

AMPLIACIÓN

Si los niños están preparados para una dificultad mayor, utilizad pelotas de tamaños diferentes. Por ejemplo una de tenis, o un balón de fútbol darán mayor interés a la carrera.

Para chuparse los dedos

Muchos niños inteligentes encuentran dificultades a la hora de escribir. Sea por el motivo que sea, no han desarrollado la psicomotricidad fina tanto como las capacidades intelectuales. Por fortuna, en la mayoría de los casos, un poco de práctica hace milagros. Os propongo esta actividad para dar «sabor» a una tarea rutinaria.

TIEMPO

Treinta minutos.

MATERIAL

- Natillas instantáneas. Leche.

INSTRUCCIONES

Preparad juntos las natillas siguiendo las instrucciones del paquete. Prepara dos papeles parafinados, uno para el niño y otro para ti. Extiende una pequeña cantidad de natillas en un papel parafinado y traza una letra en medio con el dedo. Dile al niño que dibuje en su «plato» de natillas la misma letra que tú y repasad así todo el abecedario; deteneos más en las letras que le resulten más difíciles. Seguramente, tu pintor de natillas chupará el «pincel» después de cada letra.

AMPLIACIÓN

También podéis hacerlo con polvos para gelatina, pero secos, sin mezclarlos con agua, o con nata montada o puré de fruta. Resulta divertido practicar la escritura de las letras en arcilla y a lo mejor el niño se anima a hacer una placa de arcilla con su nombre o el de un familiar. Cuando la placa se seque, dadle una mano de látex para dejar la superficie lisa y, cuando esté seca, coloreadla con rotuladores mágicos.

Único en el mundo

Esta actividad desarrolla la percepción y da al niño una idea de que no hay nadie exactamente igual que él.

TIEMPO

Media hora o más.

MATERIAL

- Un lápiz del n.° 2 o de mina blanda.
- Varias hojas de papel.
- Cinta adhesiva transparente.
- Lupa de bolsillo

INSTRUCCIONES

Frota la mina del lápiz de lado en una hoja de papel hasta conseguir una capa gruesa de mina. Presiona el índice del niño sobre la mancha de lápiz y tómale la huella dactilar en cinta adhesiva por la parte encolada. Pega el trozo de cinta adhesiva en un papel y dile al niño que escriba su nombre debajo de la huella. Prepara otra mancha gruesa de lápiz y que el niño te tome la huella a ti y escriba tu nombre debajo. Dile que haga lo mismo con los demás miembros de la familia. Después, observad las huellas y enséñale que todas son diferentes, porque no hay dos personas en el mundo que tengan las huellas dactilares iguales.

AMPLIACIÓN

Cuéntale al niño que la policía recoge en sus archivos las huellas dactilares de todos los ciudadanos por si necesitan identificar a alguien. Inventa un juego fácil de detectives para jugar en casa. Enséñale una huella sin nombre y dile que la compare con las que recogió de la familia, a ver si es capaz de averiguar de quién es esa huella.

Concurso de palillos chinos

El desarrollo de la motricidad fina es esencial para aprender a escribir. Este concurso, que da mucha risa, ayuda al niño a desarrollar la motricidad fina al tiempo que aprende a utilizar los palillos chinos.

TIEMPO

De quince a treinta minutos.

MATERIAL

- Dos juegos de palillos chinos o más.
- Cuatro cuencos o más.
- Cosas de comer con las manos, como nueces, palomitas, gominolas, rabanitos, tomates pequeños, etc.

INSTRUCCIONES

Pueden practicar dos o más jugadores.

Enseña al niño, o los niños, a coger los palillos. Déjalos que practiquen un poco cogiendo cosas pequeñas. Si los niños son demasiado pequeños para coger los palillos como es debido, déjales usarlos como quieran, siempre y cuando no toquen la comida con las manos.

Coloca en dos cuencos o más el mismo número de cosas para comer y da uno a cada jugador. Dales también un cuenco vacío a cada uno. Cuando cuentes hasta tres, los jugadores empiezan a pasar las cosas para comer de un cuenco a otro. Gana el primero que termine de cambiar las cosas de cuenco. Al final del concurso, cada cual puede comerse el contenido de su cuenco. En caso de que el niño juegue contra un adulto, pon al adulto una ración doble o triple de cosas.

AMPLIACIÓN

Cuando el niño ya sepa usar los palillos, complícaselo un poco: en vez de comida, ponle canicas. Realmente, hay que concentrarse mucho y dominar la motricidad fina para mover las canicas con palillos. Y... claro está, las canicas no se comen.

Sombras y siluetas

A los niños les llama mucho la atención las sombras. Hacerlas y recortarlas es como apoderarse de ellas. Esta actividad es excelente para reforzar la motricidad fina del niño.

TIEMPO

Treinta minutos.

MATERIAL

- Precinto.
- Cuatro hojas de papel, dos claras y dos oscuras.
- Linterna o proyector de diapositivas.
- Lápiz.
- Tijeras.
- Cola blanca.

INSTRUCCIONES

Pega con el precinto una hoja grande de color claro a una pared lisa. Di al niño que se siente de perfil delante de la hoja. Enfoca la linterna o el proyector de diapositivas hacia él hasta que la sombra del perfil quede perfectamente definida sobre el papel de la pared. Traza el perfil a lápiz en el papel y dile que recorte la silueta y la pegue a otro papel más grande de color oscuro. Por el mismo procedimiento, que dibuje él tu silueta.

AMPLIACIÓN

Explícale al niño que antiguamente se usaban las siluetas para hacer retratos rápidos de la gente, como las fotos de hoy en día. Hablad también de las diferencias que hay entre un retrato pintado y la silueta. Quizá le apetezca hacer siluetas de toda la familia.

Autorretrato

El desarrollo de una imagen positiva de sí mismo es fundamental en el crecimiento del niño. Esta sencilla actividad tiene mucho éxito en las guarderías y aulas de preescolar, es reveladora en cuanto a la imagen que el niño tiene de sí mismo, al tiempo que refuerza su autoestima.

TIEMPO

De treinta minutos a una hora.

MATERIAL

- Papel marrón de embalar, un trozo tan grande, al menos, como el niño.
- Lápiz.
- Pinturas de cera o rotuladores.

INSTRUCCIONES

Dile al niño que se tienda sobre el papel. Después, traza su silueta a lápiz. Una vez hecho esto, dile que complete el dibujo con pinturas o rotuladores. Indícale que se dibuje la cara según lo que sienta, si está contento o triste, enfadado o preocupado, etcétera, y que se pinte con la ropa que más le guste. Mientras trabaja, hablad de lo que está haciendo. ¿Tiene el pelo rizado o liso? ¿Tiene los ojos redondos o más bien ovalados? ¿Qué es lo que más le gusta de su cara? ¿Le gustaría tener algo de otra forma?

AMPLIACIÓN

Otra forma de reforzar la autoestima es organizar una sesión familiar de animadores. Sentaos en círculo con tantos miembros de la familia como sea posible, cuantos más mejor, y escoged a uno, que será la primera «estrella» de la sesión. Por turno, id diciendo al menos dos cosas buenas de la «estrella». Debe quedar muy claro de antemano que no se permiten sarcasmos ni comentarios malintencionados.

Espejito mágico

A los niños les encanta pintarrajearse delante del espejo. Esta actividad es apropiada para reforzar la imaginación y la autoestima.

TIEMPO

Media hora o más.

MATERIAL

- Crema limpiadora.
- Maicena.
- Agua.
- Colorante alimentario.
- Varios cuencos o vasos.
- Cucharas para medir.
- Espejo grande.
- Pañuelos de papel.

INSTRUCCIONES

Ayuda al niño a maquillarse como algún personaje que le guste y que después pueda representar en «público». Los colores se hacen con una cucharada sopera de crema limpiadora, dos cucharaditas de maicena, una cucharadita de agua y unas gotas de colorante alimentario. Enséñale a aplicarse el maquillaje delante del espejo. Luego, ensayad el cuento que más le guste o uno que os inventéis. Cuando queráis cambiar de personaje, limpiad la pintura con pañuelos de papel y haceos otro nuevo.

AMPLIACIÓN

Pregunta al niño cómo podríais poneros cara de viejo, de triste, de cansado, de contento, de miedo, etc. ¿Qué complementos usaría para redondear el personaje? Las bufandas, los sombreros, las gafas o la ropa interior con volantes son excelentes para improvisar disfraces.

A la pata coja

Como hemos dicho antes, muchos educadores de niños sostienen la teoría de que el desarrollo psicomotriz y el aprendizaje están muy relacionados. Esta sencilla actividad es muy divertida y ayuda al niño a practicar el salto. Si no te parece importante, fíjate en la importancia que se da a la adquisición de la coordinación motriz en las guarderías; es uno de los grandes hitos del desarrollo infantil.

TIEMPO

Treinta minutos.

MATERIAL

- Diez palos, de unos 30 cm cada uno.

INSTRUCCIONES

Coloca los palos en el suelo como peldaños de una escalera, a unos 25 cm unos de otros. El objetivo del juego consiste en saltar de peldaño en peldaño a la pata coja sin tocar los palos. Cuando el niño salte el último palo, tiene que agacharse a recogerlo sin posar el pie. Vuelve a pasar la escalera a la pata coja y deja el palo recogido aparte. El juego termina cuando recoja todos los palos y los apile en un montón.

AMPLIACIÓN

Este juego puede desarrollarse como una competición con dos o más jugadores, que saltan por turno. Si un jugador pisa un palo o posa el pie en el suelo, pierde el turno y le toca al siguiente. Los palos no se recogen, sino que cada jugador lleva la cuenta de dónde tiene que agacharse y tocar el suelo, como en el juego de la rayuela.

Teatro de sombras

Esta actividad cumple un objetivo doble: estimula la imaginación y trabaja la coordinación motriz.

TIEMPO

De quince a treinta minutos.

MATERIAL

- Linterna o lámpara.
- Pared lisa.

INSTRUCCIONES

Enfoca la lámpara o linterna encendida hacia la pared y apaga las demás luces de la habitación. Coloca la mano en el haz de luz para proyectar la sombra en la pared y haz sombras de formas o animales. Id probando los dos hasta que encontréis dos o tres sombras distintas cada uno. Inventad una historia con ellas y añadid las que necesitéis. Insiste en que el niño participe en la puesta en escena del teatro de sombras.

AMPLIACIÓN

Si tenéis ocasión, acudid a la biblioteca o la librería de costumbre y consultad algún buen libro sobre sombras chinescas o sombras con las manos.

Muñecos recortables

La identificación de las diferentes partes del cuerpo y su asociación a una función determinada forma parte de los objetivos que se fijan los educadores de preescolar. Esta actividad incide en el reconocimiento de las partes del cuerpo y refuerza la motricidad fina del niño.

TIEMPO

De treinta minutos a una hora.

MATERIAL

- Papel blanco y grueso de dibujo.
- Cuerda.
- Pegamento escolar.
- Rotuladores o ceras de colores.
- Tijeras.

INSTRUCCIONES

Di al niño que trace el contorno de una persona en el papel blanco, a tamaño grande y sin detalles, como los dedos de las manos o los pies, porque los dibujará después. Corta un trozo de cuerda de la medida del contorno. Enséñale a aplicar el pegamento a la cuerda e ir pegándola al contorno de la figura. Cuando se seque, que recorte la «muñeca» siguiendo la cuerda con cuidado. La cuerda sirve para que el recortable tenga consistencia. Luego, que dibuje las partes con colores. Es importante que le ponga ojos, orejas, nariz, boca, pelo, manos y pies con dedos y otras partes del cuerpo, además de ropa.

AMPLIACIÓN

Con este mismo procedimiento se pueden recortar muchas formas y objetos, por ejemplo, flores, formas geométricas, animales, etc.

Carrera de obstáculos

Las carreras de obstáculos siempre son divertidas y refuerzan la motricidad gruesa del niño.

TIEMPO

Treinta minutos.

MATERIAL

- Jardín de casa y enseres domésticos comunes.

INSTRUCCIONES

Prepara un circuito para carreras de obstáculos en el jardín o en el pasillo de casa. Las ruedas viejas de coche están muy bien para empezar. Colócalas de dos en dos de modo que el niño salte ágilmente de un par al siguiente. Después de las ruedas, coloca una barra de equilibrio improvisada con un tablón sujeto con ladrillos o troncos. Coloca el tablón a poca distancia del suelo, ya que no se trata de ponérselo muy difícil, sino sólo de mantener el equilibrio. A continuación, coloca una escalera que lleve a un rincón de juego, al columpio del jardín, a la escalera que sube al piso de arriba o a una parte accidentada del jardín. El último obstáculo puede ser de arrastrarse: un túnel hecho con una caja de cartón grande o una sábana colgada a poca distancia del suelo.

AMPLIACIÓN

Dile al niño la definición de la palabra *obstáculo* y hablad de lo que significa para él con respecto a sus propias aspiraciones. ¿Hay algo que tenga muchas ganas de hacer o tener pero que no sepa cómo conseguirlo? Ayúdalo a identificar los obstáculos que se lo impiden y a idear la forma de salvarlos.

Los niños desarrollan la capacidad de resolver problemas

sólo mediante la práctica. Cuantas más ocasiones de resolver obstáculos le presentes, mejor preparado estará para el futuro. La próxima vez que os enfrentéis a una cuestión, aunque sea muy sencilla, como qué galletas comprar, tomad juntos la decisión después de plantearos una serie de cuestiones: ¿Qué opciones se presentan? ¿Qué es lo bueno y lo malo de cada una? Decidíos por lo que sea mejor para vosotros. Llevadlo a cabo y comprobad después si habéis acertado.

A los chinos

¿Estáis hartos de discusiones interminables por falta de soluciones a la hora de decir quién será el primero? Jugáoslo a esta divertida versión de los chinos, que es un recurso lúdico muy extendido.

TIEMPO

Quince minutos.

MATERIAL

Ninguno.

INSTRUCCIONES

Dos personas se colocan frente a frente con una mano escondida en la espalda. Cuentan juntos hasta tres, en voz alta. A la de tres, los dos enseñan la mano escondida en una de estas posiciones:

- Puño.
- Palma hacia arriba.
- Dos dedos levantados en forma de «uve».

El puño se llama «piedra». La palma, «papel» y los dos dedos, «tijeras». Si los jugadores sacan posturas distintas, uno gana al otro según estas reglas: las tijeras cortan el papel, el papel tapa a la piedra, la piedra rompe las tijeras. Los niños aprenden enseguida la retahíla, y les encanta. Además, jugando así podéis resolver los conflictos de «yo primero».

AMPLIACIÓN

Pregúntale al niño si sabe alguna forma de «dar» para ver quién será el primero, como «Plan, una bola de algodón, pin, pon, fuera». Coge una baraja y dile que vas a enseñarle otro juego de sortear. Por ejemplo, el que saque la carta más alta, gana. ¿Habrá más maneras de resolver con las cartas quién va primero?

Balance de invierno

¿Te has dado cuenta de la frecuencia con que un niño de cinco años quiere saber cómo era de pequeño? ¿O si sabía hacer tal o cual cosa antes de ir a la guardería? ¿O cómo era la casa donde nació? Ayúdalo a responder a estas y otras preguntas recurriendo a una antigua tradición de los indios americanos. Confeccionad un «balance de invierno»: un registro de la vida en imágenes. Además, esta actividad es muy adecuada para desarrollar el lenguaje y la imaginación hablando de uno mismo.

TIEMPO

Treinta minutos.

MATERIAL

- Cartulina grande o papel de embalar.
- Pintura de colores vivos.

INSTRUCCIONES

El balance de invierno es fácil de hacer. Comenzad hablando de alguna cosa importante que le haya pasado al niño, por ejemplo, el día que le regalaron un perro, o cuando empezó a ir a la escuela, o cuando conoció a un gran amigo, etc. Después, ayúdalo a ordenar los acontecimientos cronológicamente, empezando por el que sucedió primero. Luego, dile que dibuje una serie de viñetas que representen los acontecimientos (un perro, la escuela, el amigo, etc.). A medida que vayan ocurriéndole cosas importantes, querrá incluirlas en el balance. ¡Le encantará volverlo a ver cuando crezca!

AMPLIACIÓN

Esta actividad es una forma natural de que el niño hable de sus pensamientos y sentimientos, y una ocasión espléndida para que le cuentes cosas de los indios americanos. Explícale que los indios medían el paso del tiempo en lunas e inviernos. El balance de invierno ilustraba los acontecimientos más importantes de su vida durante el año. Estos acontecimientos, como grandes batallas, el nombramiento de un jefe nuevo, las enfermedades o las peticiones de lluvia, se dibujaban en las paredes de las cuevas o en rocas lisas. Todavía se conservan muchos dibujos de aquellos tiempos, y se encuentran también reproducidos en libros. Busca uno sobre el tema y comparad la vida de los indios con la nuestra. ¿En qué se parece? ¿En qué se diferencia?

Cena «formal»

A los niños les gustan mucho las cenas con invitados y suelen colaborar de buena gana en los preparativos. Os propongo una actividad con la que no sólo se entretendrán mientras estéis ocupados en la cocina, sino que, además, desarrolla la imaginación y la motricidad fina. Por otra parte, sirve de introducción a la semiótica (o ciencia de los símbolos).

TIEMPO

De quince minutos a una hora.

MATERIAL

- Lista de invitados.
- Fichas grandes de cartulina.
- Rotuladores de colores.
- Adhesivos de colores (optativo).

INSTRUCCIONES

Da la lista de invitados al niño y que confeccione tarjetas para que cada uno sepa cuál es su sitio. Enséñale a doblarlas para que se queden «de pie». Ayúdalo a pensar cómo adornarlas. ¿Se trata de una cena para celebrar una fiesta? Si es Navidad, tal vez quedará bien un abeto; si es San Juan, una hoguera; si es Reyes, tres coronas, etc.

Mientras habláis de los dibujos, enséñale la palabra «símbolo» y explícale lo que significa. Si prefiere dibujar más de un símbolo en las tarjetas, tanto mejor, siempre y cuando tengan sentido. Cuando el niño haya decidido los que va a utilizar, traza una recta en cada tarjeta para que escriba el nombre de cada invitado sobre la línea.

AMPLIACIÓN

Si preparáis una comida según las costumbres de otro país, ayuda al niño a encontrar los símbolos correspondientes, por ejemplo, banderas, que se encuentran en cualquier diccionario. Las banderas de Italia, Japón o Nigeria son fáciles de reproducir.

Otra forma de ampliar esta actividad es dar un paso más en el concepto de nacionalidades o etnias. Por ejemplo, si preparáis comida al estilo francés, enséñale a tu hijo la canción de *Frère Jacques*. Si el festín es mexicano, enséñale *La cucaracha*. A los niños suele gustarles actuar ante los adultos, y a los adultos les divierte verlos lucir sus habilidades.

Si tenéis tiempo, reforzad esta actividad con una consulta previa en la biblioteca. Buscad música relacionada con la cultura en cuestión para acompañar la velada e inspiraos en lo que encontréis en los libros para preparar el menú y poner la mesa.

6.

Arte y creatividad

El arte de la mantelería

La próxima vez que hagáis una barbacoa, una fiesta de cumpleaños o una celebración familiar, pon en práctica esta sencilla actividad con los niños, que fomenta la creatividad y los mantiene ocupados y contentos mientras tú te ocupas de los últimos preparativos.

TIEMPO

De treinta a cuarenta y cinco minutos.

MATERIAL

- Mesas, las que vayáis a usar para la fiesta o una por niño.
- Papel blanco, un rollo grande o un maletín de papel continuo.
- Precinto o cualquier otro adhesivo que se pegue a las mesas.
- Rotuladores.
- Lápices.

INSTRUCCIONES

Tapa la mesa con el papel y fíjalo a la parte inferior del tablero para que no se mueva. Dile al niño que él va a ser el encargado de hacer el mantel (o manteles) para la mesa (o mesas). Pensad primero con qué motivos quiere adornar los manteles. Si la fiesta es en torno a un tema determinado, podría dibujar algo relacionado con dicho tema. ¿Habrá un invitado de honor? A lo mejor quiere hacer algo que le guste mucho a esa persona. ¿Conoce a todos los invitados? ¿Por qué no hacer un retrato de cada uno? Todas las posibilidades están abiertas, y el resultado siempre es mucho mejor que cualquier mantel de papel que se compre en una tienda.

AMPLIACIÓN

Es buena idea dedicar cierto tiempo a esta actividad y, por tanto, sería conveniente prepararla de antemano con el niño. Por ejemplo, si vais a celebrar una conmemoración determinada, una consulta rápida en la biblioteca os dará muchas referencias. Con tu ayuda, el niño aprenderá más cosas sobre la fiesta en cuestión y se le ocurrirán más ideas para los adornos. No es necesario complicarse mucho; es suficiente para un niño confeccionar, por ejemplo, guirnaldas de flores de papel de muchos colores para la fiesta de la primavera, o un símbolo relacionado con el santo patrón del barrio, pueblo, ciudad, etc., el día que se celebre. Si es un cumpleaños, podríais representar algunas escenas de la vida de esa persona. Por ejemplo, si el abuelo tenía una frutería, preparad unas escenas alusivas, seguro que al abuelo le harán reír. Esta actividad no tiene límites, ¡dejad volar la imaginación!

Aprendiz de arquitecto

Esta actividad es una forma fácil de reforzar la creatividad y la organización espacial del niño.

TIEMPO

De quince a treinta minutos.

MATERIAL

- Papel blanco de gran tamaño. Podéis grapar o pegar con cinta adhesiva diferentes clases de papel para construir uno grande de 40 × 40 cm o más.
- Regla.
- Lápiz, pinturas de cera, rotuladores.
- Revistas, periódicos y catálogos que no sirvan.
- Tijeras.
- Pegamento.

INSTRUCCIONES

Pon el papel en el suelo y dile al niño que vais a dibujar la casa de sus sueños, la que le gustaría tener ahora o cuando sea mayor. Que te diga cuántas habitaciones quiere y dónde las piensa colocar. Ayúdalo a delimitar el espacio con la regla. Cuando tengáis las habitaciones definidas, dile que recorte muebles y enseres de las revistas y que los pegue para «vestir» la casa de pies a cabeza.

AMPLIACIÓN

Con esta actividad, unos niños empezarán a soñar inmediatamente y a otros les hará falta un empujoncito. Si ése es tu caso, dile al niño que cierre los ojos y se imagine lugares concretos. Por ejemplo: «Estás en la cocina. ¿Qué quieres comer?». Y luego: «¿A qué habitación vas? ¿Qué hay allí?». Cuando completéis la casa, haced comentarios sobre ella. Seguro que el niño te dará pistas sobre lo que necesita o desea.

Galletas con dibujo

Esta actividad es idónea para impulsar la creatividad, el desarrollo de la motricidad fina, la capacidad de seguir instrucciones y para divertirse de lo lindo sin más. Lo nuevo de esta modalidad es pintar las galletas con pinceles y cobertura de colores.

TIEMPO

De una a dos horas.

MATERIAL

- Para las galletas:
  Margarina, 3/4 de taza.
  Maicena tamizada, 1/2 taza.
  Azúcar en polvo, 1/2 taza.
  Harina, 1 taza.
  Vainilla, 1 cucharada.
  Extracto de almendra, 1 cucharada.
  Moldes de cortar galletas.
  Cuchillos de plástico sin filo.
- Para la cobertura:
  Azúcar, 1 taza.
  Agua.
  Colorante alimentario.
  Pinceles nuevos y limpios o brochas de pastelero.

INSTRUCCIONES

Ayuda al niño a hacer las galletas siguiendo estas fáciles instrucciones: bate la mantequilla y añade los ingredientes secos, de uno en uno. Añade los extractos y mézclalo todo bien hasta que se haga una bola de masa. Déjalo en la nevera una hora y después amásalo en una superficie enharinada; estira la masa hasta que quede una hoja de unos 6 mm de grosor. Corta las galletas con los moldes de cortar o con los cuchillos de plástico.

Coloca las formas en un papel parafinado de hacer galletas y hornéalas a 350 °C durante 8 o 10 minutos, hasta que se doren. Espera a que se enfríen del todo antes de empezar a pintarlas (esta receta es para 24 o 36 galletas, según el tamaño de los moldes de cortar).

Para la cobertura, mezcla el azúcar y el agua hasta que quede de una consistencia parecida a la de la crema de leche cuando se estropea, un poco diluida. Divide la cobertura en porciones y tiñe cada una con el colorante alimentario que quieras. Usa un pincel distinto para cada color y deja a los niños pintar las galletas a su gusto. Es posible que pasen un buen rato haciendo esta parte de la actividad, a lo mejor 1 hora o más.

AMPLIACIÓN

Ten a mano adornos comestibles para que el niño se deleite decorando las galletas. También podéis hacer una sola galleta gigante para que el niño pinte una escena determinada.

Baño de colores

Esta actividad enriquece la experiencia del niño en cuanto a medidas, cómputo y seguimiento de instrucciones. Además, cuando la terminéis, tendrá una colección de pinturas aptas para dibujar en los azulejos del cuarto de baño y realizar muchos proyectos creativos.

TIEMPO

Media hora o más.

MATERIAL

- Agua.
- Vaso con marcas para medir en octavos.
- Perlas o escamas de jabón de tocador.
- Colorante alimentario de varios colores.
- Moldes pequeños de lata o plástico.

INSTRUCCIONES

Ayuda al niño a seguir estas instrucciones para hacer pinturas de jabón. Mide 1/8 de vaso de agua y 7/8 de perlas o escamas de jabón y mézclalo todo. Divide la mezcla en dos recipientes y añade de 15 a 25 gotas de colorante alimentario a cada uno. Vierte la mezcla en los moldes y ponlos en el congelador para que se endurezcan y se sequen; pueden tardar unos días. Desmolda las «pinturas» y ¡empieza a escribir!

AMPLIACIÓN

La hora del baño se convierte en uno de los momentos más tranquilos del día con estas pinturas caseras sumergibles. Con ellas puedes enseñar al niño las letras, los sonidos o lo que quieras mientras se baña.

Conchas creativas

A muchos niños les encanta coleccionar conchas marinas. Refuerza la imaginación y la destreza manual del niño con esta productiva actividad.

TIEMPO

Treinta minutos o más.

MATERIAL

- Conchas.
- Cazuela con agua.
- Periódico.
- Bastoncillos de algodón.
- Laca.
- Pinceles.
- Cartulina.
- Pegamento.

INSTRUCCIONES

Revisa las conchas con el niño para aseguraros de que no haya seres vivos dentro. Hervidlas y, cuando se enfríen, dile que las limpie a fondo con los bastoncillos. Luego, que las lave en agua tibia con jabón. Cuando se sequen, que les dé una o dos manos de laca. Después, puede colocarlas en la cartulina formando un dibujo, abstracto o realista, como prefiera. Ayúdalo a ver qué le recuerda la forma de cada concha. Por ejemplo, unas parecen abanicos, otras, caras o bolsos. Dile que haga un cuadro pegando las conchas en la cartulina.

AMPLIACIÓN

Hay muchas formas imaginativas de utilizar las conchas. El niño podría dibujar las letras de su nombre muy grandes en una cartulina y rellenarlas después con las conchas. Si tienen agujeros, puede hacerse collares y pulseras con hilo y aguja. Y con pegamento, botones y pintura podría inventarse simpáticos animales de concha.

Estampados con esponja

El estampado con esponja es fácil para los más pequeños, con un poco de ayuda. Las formas que deja la esponja son graciosas para confeccionar tarjetas de cumpleaños y postales de fiesta. Esta actividad proporciona al niño un procedimiento artístico que estimula su creatividad.

TIEMPO

De quince a treinta minutos.

MATERIAL

- Esponjas planas.
- Rotuladores.
- Tijeras.
- Pintura y pincel.
- Bandeja de cartón.
- Papel.

INSTRUCCIONES

Dibuja un contorno sencillo en la esponja con rotulador y recórtalo. Luego, vierte un poco de pintura en la bandeja de cartón y unta la esponja. Presiónala sobre el papel blanco y... ¡ya tenemos la huella de la esponja! Para mejorar los resultados, conviene experimentar primero un poco. Probad a cargar la esponja con cantidades diferentes de pintura hasta conseguir el efecto que queráis.

AMPLIACIÓN

Los estampados con esponja son idóneos para cumpleaños y fiestas. Pregunta al niño qué dibujo le gustaría al abuelo, a su primo más querido o a su mejor amigo, y poneos manos a la obra.

Cuéntale al niño que hay muchas formas de estampar. En «relieve», por ejemplo, donde sólo quedan impresas las partes más sobresalientes de la plantilla, y que se hace con una patata. Parte la patata por la mitad. Corta una forma sencilla en la «carne» de la patata y píntala con témpera. Presiona la patata pintada sobre el papel y ya tenéis un dibujo en relieve al estilo patata.

Por el hilo sale jabón en un ovillo

Algunos niños se toman el baño como la hora de los salpicones, pero no siempre están dispuestos a enjabonarse también. Son los candidatos idóneos para el juego casero de «por el hilo sale jabón en un ovillo». Es una actividad artesana que además hace más apetecible la hora del baño.

TIEMPO

Media hora.

MATERIAL

- Conchas de jabón que hayan ido quedando.
- Recipientes para baño María.
- Cuchara de palo.
- Lata de zumo o molde de magdalena.
- Bramante.

INSTRUCCIONES

Guarda las conchas de jabón que vayan quedando sin usar, cuanta mayor variedad de colores, mejor. Cuando tengas unas cuantas, ponlas al baño María. Lleva el agua a ebullición y luego reduce el fuego. Remueve el jabón hasta que se deshaga. Esta parte necesita la presencia vigilante de un adulto, o quizá su intervención directa. Cuando esté disuelto, vierte el líquido en el molde que tengas, pero *no* dejes que lo haga el niño porque el jabón está muy caliente. Cuando se enfríe y empiece a cuajar, introduce los dos cabos del bramante y deja fuera un trozo por donde agarrarlo después. Cuando el jabón se solidifique del todo, pon el molde bajo el agua caliente y... ¡por el hilo sale jabón en un ovillo!

AMPLIACIÓN

En esta cultura de usar y tirar en que vivimos, «por el hilo sale jabón en un ovillo» es una buena forma de reutilización. Habla con los niños del reciclaje y de la importancia que tiene. Si en el barrio hay en marcha alguna iniciativa de reciclaje, súmate a ella con los niños. Guardad los periódicos y latas de refresco, e incluso podríais iniciar, por ejemplo, una campaña de recogida de latas por la calle para reciclarlas.

Cuéntale al niño que, cuando no había jabón, la gente se lavaba con aceite de oliva, cenizas vegetales, piedra pómez o arena. Hasta no hace mucho, las mujeres fabricaban el jabón en casa con grasas animales o vegetales que se reciclaban de otros usos domésticos. Era un proceso que requería bastante tiempo. ¿Le habría gustado a él pasar tanto tiempo fabricándose el jabón o lavando la ropa a mano porque no había lavadoras?

Plastilina casera

Demos color a los días de lluvia con un poco de plastilina de colores y un chorro de imaginación. Esta plastilina casera sale barata y es fácil de hacer. Dile al niño que te ayude a medir los ingredientes y a seguir las instrucciones, dos aprendizajes muy provechosos para la escuela.

TIEMPO

Treinta minutos.

MATERIAL

- Harina, 1 taza y media.
- Sal, 1/2 taza.
- Agua, 1/2 taza.
- Aceite vegetal, 1/4 de taza.
- Colorante alimentario.

INSTRUCCIONES

Mezcla la harina y la sal. Añade poco a poco el aceite y el agua. Pon un par de gotas de colorante alimentario. Si queréis varios colores, dividid la masa o aumentad las cantidades. Amasad la mezcla hasta que quede homogénea. Si os parece pegajosa, añadid harina. Guardadla en una fiambrera hermética de plástico. Algunas personas opinan que esta plastilina dura más si se conserva en la nevera.

Si queréis hacer una colección de figuras artísticas, dejad que se sequen y endurezcan al aire durante 2 o 3 días. También se pueden hornear un par de horas a 250 °C. Cuando estén duras, dadles una mano de látex y, cuando se seque, pintadlas con rotuladores de colores o acuarelas.

AMPLIACIÓN

A veces, los niños quieren hacer algo pero no se les ocurre nada. En vez de darle ideas sin más, podéis hojear un cuento con ilustraciones de personajes humanos o animales que al niño le gusten. Léele el cuento y pregúntale si le apetece reproducir en plastilina alguno de los personajes.

Álbum para días lluviosos

Los álbumes de cromos adhesivos tienen poca imaginación, no es más que una afición instantánea y prefabricada. Pero los antiguos álbumes de recortes son harina de otro costal. Dale al niño un montón de revistas atrasadas y propónle un tema en torno al cual empiece una colección de recortes; sirve cualquier cosa, desde rostros hasta flores. Pronto tendrá una afición que puede proporcionarle agradables momentos durante muchos años.

TIEMPO

De treinta minutos a una hora.

MATERIAL

- Álbum.
- Tijeras.
- Un montón de revistas viejas.
- Pegamento.

INSTRUCCIONES

Ayuda al niño a organizar el álbum. A lo mejor quiere combinar varias cosas en uno solo, por ejemplo, una página de flores, otra de gafas, otra de rostros, etc. Cuando sepa qué quiere coleccionar, dale las revistas atrasadas y, cada vez que encuentre algo sobre el tema o temas, que lo recorte y lo pegue en el álbum. Poco a poco mejorará su habilidad con las tijeras y su sentido del diseño. Si ya es capaz de escribir, podrías ayudarlo a redactar títulos o leyendas para sus «cromos».

AMPLIACIÓN

Los niños se lo pasan en grande aprendiendo las letras al tiempo que confeccionan un álbum. A medida que las páginas se llenen de dibujos o fotos de cosas que empiecen con cada letra del abecedario, el conocimiento y la fluidez en el manejo de las letras van en aumento. Y lo mismo sucede con los números, si el álbum se organiza entorno a objetos del 1 al 10.

Caja filatélica de tesoros

A la edad preescolar, el niño todavía no está preparado para convertirse en coleccionista de sellos, pero sí es fácil que se entusiasme enseguida con una caja filatélica para guardar tesoros. Es una forma artística de introducirlo al variopinto mundo de los sellos, que va desde las series sobre la naturaleza hasta las dedicadas a la historia o al arte.

TIEMPO

De treinta minutos a una hora.

MATERIAL

- Colección de sellos.
- Caja de puros.
- Pegamento.
- Pinzas de depilar

INSTRUCCIONES

Antes de dar comienzo a este proyecto, reúne unos cuantos sellos. Pídelos a tus amigos, familiares y en el lugar de trabajo. Ponlos en agua 10 minutos para desprenderlos del sobre y déjalos secar sobre una toalla. Haz participar al niño en los preparativos; le resultará divertido. El paso siguiente consiste en pegar los sellos a la caja de puros. Las pinzas sirven para cogerlos uno a uno. Cubrid bien toda la tapa y los lados de la caja para que quede atractiva y colorista. Esta caja puede ser un gran regalo, o a lo mejor la quiere el niño para empezar una colección... de sellos, quizá.

AMPLIACIÓN

Casi todos los sellos que vemos tienen algo que puede sernos de provecho. Úsalos para poner al niño en contacto con la geografía, la historia, el arte, la botánica y muchas cosas más. Déjate guiar por los temas que más le interesen a él. Si, por ejemplo, demuestra interés por las flores, ¿por qué no te documentas un poco sobre las flores que aparezcan en los sellos, o vais a verlas al jardín botánico más próximo? Si le resultan atractivos los personajes famosos, es buena excusa para empezar a aprender algo sobre reyes u otras figuras históricas. Otros temas de interés son la historia de los sellos y el funcionamiento del servicio de Correos.

Como en la nieve

Esta actividad estimula la creatividad del niño a base de crema de afeitar y... ¡limpiando los cristales al mismo tiempo! A lo mejor descubres a un artista en el intento.

TIEMPO

De quince a cuarenta y cinco minutos.

MATERIAL

- Crema de afeitar.
- Pañuelos de papel.

INSTRUCCIONES

Dile al niño que puede echar un buen chorro de crema de afeitar en el cristal de una ventana grande o de una puerta corredera. Después, que lo alise con las manos y empiece a hacer dibujos en la crema. ¿Por qué no dibujar un muñeco de nieve, copos de nieve o carámbanos? El límite de esta extraordinaria y chorreante actividad pictórica se pierde en el cielo.

Cuando el niño se canse de pintar, deja secar la crema y retírala después con pañuelos de papel. ¡Los cristales quedan brillantes!

AMPLIACIÓN

El niño puede practicar las letras y los números en su atril de crema de afeitar. ¿Y qué tal un tres en raya en la ventana? Hasta los problemas de cálculo son divertidos pintando con los dedos en los cristales llenos de crema de afeitar.

Imanes conmemorativos

El único límite de los imanes conmemorativos es la imaginación del niño. Aquí caben todas las épocas y creencias, desde las más religiosas hasta las más populares, desde las más generales a las más particulares. Esta divertida actividad estimula la creatividad del niño y trabaja la motricidad fina.

TIEMPO

De treinta minutos a una hora.

MATERIAL

- Lápiz y papel.
- Tijeras.
- Retales de fieltro de varios colores.
- Rotulador.
- Pegamento.
- Purpurina.
- Plancha o cinta magnética (de venta en grandes ferreterías).

INSTRUCCIONES

Haz una lista de las festividades que se celebran en la familia. Después, dile al niño que dibuje símbolos de estas fiestas con el lápiz. Por ejemplo, una máscara por carnaval, una moneda en honor del ratoncito Pérez o una vara de azucena por San José. Cuando esté satisfecho del dibujo, que lo utilice como plantilla para recortarlo en fieltro; luego puede adornarlo con el rotulador, un poco de purpurina y trocitos de fieltro de otros colores. Después, pegadle detrás un poco de plancha o cinta magnética cortada a medida. El imán conmemorativo ya está listo para decorar la puerta de la nevera.

AMPLIACIÓN

Estos imanes no sólo sirven para divertirse haciéndolos, sino que pueden ser también una forma de dar más sentido a los acontecimientos o fiestas que celebréis y para aprender algo más de su historia. Propónte la lectura en común de al menos un libro o cuento relacionado con el tema de cada uno de los imanes que el niño haga. Después, ahondad en los misterios. ¿Quiénes eran los Reyes Magos? ¿Por qué se hacen hogueras en San Juan? ¿Por qué se hace la mona de Pascua? Y al día siguiente, el niño irá con su saber recién adquirido y con los imanes a la escuela: otro lugar donde también se estudian las fiestas comunes.

Título de la edición original: *101 Amusing ways to develop your child's thinking skills and creativity*
Traducción del inglés: Concha Cardeñoso,
cedida por Grupo Editorial Ceac, S.A.
Diseño de la cubierta: Juanjo Calvo
Fotografías: Jutta Weser

Círculo de Lectores, S.A. (Sociedad Unipersonal)
Travessera de Gràcia, 47-49, 08021 Barcelona
www.circulolectores.com
1 3 5 7 9 8 9 1 2 8 6 4 2

Licencia editorial para Círculo de Lectores
por cortesía de Grupo Editorial Ceac, S.A.
Está prohibida la venta de este libro a personas que no
pertenezcan a Círculo de Lectores.

Depósito legal: B. 47084-1998
Fotocomposición: punt groc & associats, s.a., Barcelona
Impresión y encuadernación: Grafos, S.A.
Zona Franca, sector C, calle D, 36. 08040 Barcelona.
Barcelona, 1998. Impreso en España
ISBN 84-226-7489-0
N.° 31054